LOS TRIBUNALES ANTE LA CONSTRUCCIÓN DE UN SISTEMA JURÍDICO GLOBAL

SABINO CASSESE

LOS TRIBUNALES ANTE LA CONSTRUCCIÓN DE UN SISTEMA JURÍDICO GLOBAL

GLOBAL LAW PRESS
EDITORIAL DERECHO GLOBAL

SEVILLA · 2010

La publicación del presente volumen se realiza en el marco
del Proyecto del Ministerio de Ciencia e Innovación
DER2008-03266

© 2010: Editorial Derecho Global–Global Law Press
C/ Virgen de Luján, 19. 2º B
41011-SEVILLA
info@globallawpress.org
www.globallawpress.org

Diseño y maquetación: Los Papeles del Sitio

ISBN: 978-84-936349-2-6
DL: S-985-2010

(Hecho en España)

ÍNDICE GENERAL

CAPÍTULO PRIMERO

¿QUIÉN MANTIENE UNIDOS O CONECTADOS LOS ORDENAMIENTOS JURÍDICOS DEL MUNDO?

ÍNDICE

[Traducción realizada sobre la versión inglesa por los Profesores Salvador Rodríguez Artacho (Universidad Autónoma de Madrid) y María Dolores Utrilla Fernández-Bermejo (Universidad de Castilla-La Mancha). La traducción ha sido revisada por la Profesora Carmen Plaza Martín (Universidad de Castilla-La Mancha) y Javier Barnes, Catedrático de Derecho Administrativo]

I. INTRODUCCIÓN

L A soberanía de los Estados se diluye. Y el poder público se reorganiza a través de nuevas formas y estructuras plurales y policéntricas. Los ordenamientos jurídicos nacionales se enfrentan a problemas que sobrepasan su propia capacidad de resolución. Y sobre los sistemas nacionales se superponen numerosos ordenamientos a distintos niveles.

Este creciente pluralismo requiere de un ordenamiento que sirva para colmar las lagunas, reducir la fragmentación e inducir la cooperación entre los diferentes sistemas; establecer jerarquías de valores y principios; e introducir reglas de reconocimiento, validez y efectividad de las normas. A falta de un ordenamiento jurídico superior que imponga el orden entre los ordenamientos «inferiores»[1], cada uno de los sistemas debe encontrar dentro de sí mismo los instrumentos de cooperación con el resto. En el seno de cada ordenamiento nacional, los únicos que ostentan competencias en materia de relaciones exteriores son los respectivos Gobiernos y Parlamentos; no existen ni Gobiernos ni Parlamentos más allá del Estado y, sin embargo, la

---

[1] Éste es uno de los temas estudiados en los numerosos análisis que se han ocupado de la «fragmentación del Derecho Internacional» –un tema sobre el que ya existe abundante literatura–. Entre los ejemplos recientes *vid.* ANDREAS FISCHER-LESCANO & GUNTHER TEUBNER, «Regime Collisions: the Vain Search for Legal Unity in the Fragmentation of Global Law», 5 MICH. J- INT'L L. 999 (2004); INTERNATIONAL LAW COMMISSION, *Conclusions of the work of the Study Group on the Fragmentation of International Law: Difficulties arising from the Diversification and Expansion of International Law* (United Nations, 2006); EVAL BENVENISTI & GEORGE W. DOWNS, «The Empire's New Clothes: Political Economy and the Fragmentation of International Law», 60 STAN. L. REV. 595 (2007).

«política exterior» de los Estados ha adquirido tal complejidad que los Gobiernos no pueden gestionarla por sí solos.

Sin embargo, os órganos judiciales también están presentes más allá de las fronteras nacionales: de hecho, hay más de un centenar de verdaderos y genuinos tribunales que operan en ese espacio, a los que cabe añadir numerosos órganos cuasi-judiciales y una variada gama de procedimientos de carácter contradictorio que coexisten en el seno de los casi dos mil sistemas o regímenes de naturaleza regulatoria que actúan a nivel global en la actualidad.

Los tribunales y los órganos cuasi-judiciales actúan resolviendo casos concretos y ello les permite realizar los ajustes necesarios de forma progresiva y adaptar la legislación que aplican en función de los problemas planteados, haciendo uso de estrategias que, alternativa o cumulativamente, se mueven entre el activismo judicial y la deferencia hacia el legislador; la creación e inducción de nuevas reglas y el autocontrol («self-restraint»); el dinamismo y la tolerancia; la rigidez y la flexibilidad.

Por esta razón, los tribunales vienen asumiendo en forma creciente una importante función en lo que hace a la definición de las relaciones que mantienen entre sí los diversos ordenamientos jurídicos. Se habla por ello con frecuencia de «diálogo judicial» o «conversación judicial», de «coordinación inter-judicial» y de una «comunidad de jueces»[2].

---

[2] Con carácter general, *vid.* SABINO CASSESE, «La funzione costituzionale dei giudici non statali. Dallo spazio giuridico globale all'ordine giuridico globale», *Rivista Trimestrale di Diritto Pubblico* 609 (2007) (que incluye varias citas sobre esta cuestión). Más recientemente, *vid.* EYAL BENVENISTI & GEORGE W. DOWNS, «National Checks that Balance Global Institutions: Judicial Review of International Organizations», trabajo presentado en el Hauser Globalization Colloquium Fall 2008: Global Governance and Legal Theory, NYU Law School, 24 de septiembre de 2008; BENEDICT KINGSBURY, «Weighing Global Regulatory Rules and Decisions in National Courts», *Acta Juridica* 90 (2009); ANDREA HAMANN & HÉLÈNE RUIZ FABRI, «Transnational Networks and Constitutionalism», 6 INT'L J. CONST. L. 496 (2008).

II. DELIMITACIÓN DEL PROBLEMA

De acuerdo con el criterio tradicional que se expresa en la idea del dualismo entre los ordenamientos jurídicos internos y externos, el poder para intervenir «externamente» (es decir, el poder que asiste al Estado para adoptar decisiones de política exterior) corresponde internamente al Gobierno. El Parlamento se limita a supervisar el ejercicio de ese poder y la Administración a ejecutarlo, aunque no lo haga en su nombre, sino como mero agente del Gobierno. El poder judicial, empero, está ausente (a menos que el ordenamiento jurídico interno haya «importado» o reconocido ciertas normas externas). De este modo se mantiene el paradigma del «Estado como una unidad».

Esta clásica estructura dual choca con dos dificultades fundamentales, tanto desde la perspectiva que ofrece el Derecho positivo, como en términos conceptuales. En primer lugar, tan sólo puede explicar las relaciones que se dan entre los niveles nacional e internacional (o supranacional), pero no las existentes entre los diferentes sistemas o regímenes legales de naturaleza global, en los que los actores clave no presentan las características propias de los Estados, sino que son, más bien, organizaciones de carácter global con «Gobiernos» de ámbito sectorial. En segundo lugar, esta estructura se ha visto superada como consecuencia de la desagregación del Estado que se produce cuando la Administración y los tribunales se involucran también de forma directa en el diálogo supracional.

Así las cosas, el Derecho está ocupando, aunque muy lentamente, el lugar de la política en el panorama global. Si en un primer momento el protagonismo en la resolución de los conflictos internacionales pasó de los soldados a los embajadores, ahora presenciamos un trasvase de los embajadores a los jueces. Cada vez con mayor frecuencia los tribunales están «cruzando fronteras» y es éste un fenómeno que puede observarse igualmente en términos de burocracia (lo que se ha venido en llamar «intergubernamentalismo») y desde la misma teoría jurídica[3], aunque sean éstas cuestiones que exceden en mucho del objeto de nuestro estudio.

El diálogo entre ordenamientos jurídicos diferentes, situados, por ejemplo, en niveles nacionales o supranacionales distintos, supone en otras palabras un encuentro entre tradiciones jurídicas diversas e identidades propias. De ahí se siguen algunas cuestiones problemáticas. La primera sería la «diversidad sostenible»[4], esto es, el límite de tolerancia y adaptación mutua. Otra se refiere a la constitución de un «núcleo común» de principios, derivables de cada una de las tradiciones legales en liza. Una tercera cuestión consistiría en el reconocimiento de un mínimo común de principios superiores (como el *jus cogens* en el Derecho Internacional).

III. RELACIONES ENTRE ORDENAMIENTOS NACIONALES Y SUPRANACIONALES, Y ENTRE REGÍMENES GLOBALES

La emergente pluralidad de poderes públicos que venimos de relatar ha generado como consecuencia dos clases de relaciones. De un lado, las relaciones entre los sistemas nacionales y los ordenamientos «superiores», sean éstos de carácter supranacional o internacional (global). De otro, las relaciones que se dan entre los diferentes sistemas legales de ámbito global a nivel horizontal, por otra parte cada vez más numerosos. En realidad, a esas dos clases de relaciones habría que añadir una tercera, que consistiría en la mezcla de ciertos elementos de la una y de la otra.

---

[3] Contrariamente a la tesis que defiende que «el razonamiento jurídico no cruza fácilmente las fronteras nacionales», *vid.* RICHARD A. POSNER, *How Judges Think* (2008), p. 368.

[4] H. PATRICK GLENN, *Legal Traditions of the World* (2000), p. 331.

Como se ha notado, estas relaciones no se encuentran disciplinadas a través de principios superiores. De ahí que deba desplegarse un notable esfuerzo de cooperación para evitar colisiones o conflictos entre ordenamientos o sistemas. Esfuerzo que habrá de incrementarse no ya sólo para que no se rompa el delicado equilibrio existente entre los distintos ordenamientos, sino también porque, en buena medida, esa cooperación posee un carácter voluntario, habida cuenta de que no viene impuesta por un ordenamiento superior.

Los problemas o dificultades que se suscitan en la primera clase de relaciones (entre la esfera estatal y la supraestatal) son los propios de las relaciones de naturaleza no jerárquica, y en las que el principio de primacía se abre paso a través de diversas formas de cooperación de naturaleza cuasi-voluntaria.

Las dificultades que atañen a la coordinación y al ajuste recíproco entre ordenamientos se encuentran igualmente en el segundo tipo de relaciones. Sin embargo, aquí se plantea además un problema específico, a saber: cómo inducir desde abajo hacia arriba un conjunto de principios, reglas o valores compartidos capaces de constituir un «corpus» general común para los diferentes regímenes o sistemas de ámbito sectorial.

En uno y otro tipo de relaciones, hay un reto adicional. Y es cómo mantener el control y limitar el impacto de las distintas alternativas u opciones que, como consecuencia del pluralismo de ordenamientos, surgen tanto respecto de la elección del Derecho aplicable, cuanto en lo que concierne al orden jurisdiccional. El desafío consiste, en esencia, en asegurar que los planetas en su individualidad y el universo en su conjunto puedan coexistir[5].

---

[5] Bruno Simma, «Ein endlose Geschichte? Artikel 36 der Wiener Konsularkonvention in Todesstrafenfällen vor dem IGH und amerikanishen Gerichten», en *Völkerrecht als Wertordnung: Festschrift für Christian Tomuschat/ Common Values in International*

IV. ORDENAMIENTOS JURÍDICOS Y TRIBUNALES

El análisis de las cuestiones hasta aquí planteadas ha de proseguir simultáneamente en una doble dirección: se ha de ocupar tanto de las relaciones entre ordenamientos jurídicos nacionales y supraestatales, como de las relaciones que se dan entre los sistemas o regímenes regulatorios globales.

En esta última esfera se presentan dos cuestiones fundamentales: de un lado, la *fragmentación* de regímenes u ordenamientos jurídicos sectoriales («regímenes globales independientes») y, de otro, la *proliferación* de tribunales internacionales organizados de modo heterárquico («una torre de babel de voces judiciales»)[6]. Entre estos dos fenómenos, cabe hallar numerosos puntos de influencia recíproca, aunque se mueven en direcciones opuestas.

Algunos autores, por ejemplo, consideran que la fragmentación constituye una consecuencia de la proliferación de tribunales internacionales[7]. Por ello, critican en particular que el aumento de tales tribunales se haya visto acompañado por la aparición de líneas jurisprudenciales divergentes y contrapuestas. Se argumenta, por este motivo, que la competencia general para determinar las cuestiones

---

Law: Essays in Honour of Christian Tomuschat (Pierre-Marie Dupuy, *et. al.* eds., 2006), p. 423.

[6] ROSALYN HIGGINS, «A Babel of Judicial Voices? Ruminations from the Bench», 55 INT'L & COMP. L. Q. 791 (2006). Sobre la proliferación de tribunales véase la investigación en el seno del «Project on International Courts and Tribunal» (www.pict-pcti.org).

[7] SHIGERU ODA, «Dispute Settlement Prospects in the Law of the Sea», 44 INT'L & COMP. L. Q. 863 (1995). *Vid.*, en particular, su afirmación de que «el imperio del Derecho, basado en el desarrollo uniforme de la jurisprudencia, se asegurará de mejor manera reforzando el papel del Tribunal Internacional de Justicia y no diseminando entre varios órganos dispersos en la comunidad internacional la función de resolución de disputas. La Convención es un desacierto, hasta el punto de que desprovee al Tribunal de su papel de único órgano para la resolución de disputas oceánicas al crear una nueva institución, la ITLOS, en paralelo a una de larga tradición como es el Tribunal» (p. 864).

de Derecho Internacional consuetudinario o para interpretar los tratados internacionales debería residir exclusivamente, o al menos principalmente, en la Corte Internacional de Justicia. De este modo, se protegería el principio de unidad del Derecho.

Para otros autores, sin embargo, la proliferación de tribunales representa un paso adelante para el Derecho Internacional: si la tarea básica de los tribunales consiste en «recopilar, interpretar y desarrollar el Derecho»[8], ha de concluirse entonces que el incremento del número de jueces supranacionales serviría, simplemente, para expandir y fortalecer dicha función. Es más, la «especialización» de los diferentes tribunales habrá de contribuir para limitar precisamente el riesgo de que se solapen los distintos ámbitos jurisdiccionales y las doctrinas jurisprudenciales. En este sentido, la proliferación de tribunales podrá servir para superar la fragmentación de los ordenamientos jurídicos sectoriales, y para crear un tejido o «ligamento» de principios comunes entre ellos.

Los trabajos de Yuval Shany[9] abordan ambos tipos de «interacción judicial» desde la perspectiva del solapamiento o del conflicto entre jurisdicciones. Pero es también interesante considerar esta misma problemática desde otro ángulo, a saber: la contribución de los jueces, bien para establecer un ordenamiento o sistema, o bien una conexión o «ligamento», entre dos regímenes. En estos casos, el acento se pone antes en los aspectos sustantivos que en los procedimentales[10]. Aquí la cuestión no consiste, pues, en regular la actuación de los jueces, sino, más bien, en indagar y

---

[8] Tullio Treves, *Le controversie internazionali. Nuove tendenze, nuovi tribunali* (1999), pp. 59-67.

[9] Yuval Shany, *The Competing Jurisdictions of International Courts and Tribunals* (2007) y *Regulating Jurisdictional Relations between National and International Courts* (2007).

[10] Ahora bien, como más adelante veremos, el énfasis no se sitúa primariamente en aquellos aspectos sustantivos ligados a la labor de protección de los derechos de los jueces (tales como asegurar el respeto a un «proceso con todas las garantías»).

valorar si los jueces y tribunales logran el objetivo de disciplinar la heterogénea pluralidad de poderes públicos y contribuyen así a la creación de un ordenamiento jurídico común. En ese contexto, ciertamente carece de interés examinar la actividad jurisdiccional en su vertiente pasiva (los límites del poder; el ejercicio de la jurisdicción, por ejemplo), sino en su dimensión activa, es decir, los jueces y tribunales como creadores de un ordenamiento muy diferente al que aparece dominado por la heterogeneidad y pluralidad.

V. LA FUNCIÓN INTEGRADORA DE LOS JUECES: ¿CÓMO SE MATERIALIZA Y CON QUÉ RESULTADOS?

La hipótesis fundamental que aquí se establece consiste en destacar que los jueces cumplen una relevante función integradora que permite sacar del aislamiento a los diferentes sistemas u ordenamientos jurídicos situados en los más variados niveles. Es necesario, pues, determinar cómo se produce esa función y con qué resultados; indagar por qué, por ejemplo, los Tribunales Constitucionales belga, austriaco o checo elevan cuestiones prejudiciales ante el Tribunal de Justicia de la Unión Europea, mientras que los de Alemania, Francia o Italia no lo hacen; o cómo son tratadas las leyes nacionales y las normas de otros regímenes o sistemas globales por los tribunales mercantiles internacionales o por el Tribunal Internacional para el Derecho del Mar.

Para ejercer esa función integradora los jueces se sirven, entre otros instrumentos, de un conjunto de «doctrinas» establecidas en favor de la cooperación, que actúan en cierto modo como una especie de «embrague» que permite conectar o desconectar distintos sistemas jurídicos; como un «pegamento» que sirve para mantenerlos unidos; o como un recurso retórico que facilita el control de los jueces[11].

La relación de estas doctrinas podría establecerse del siguiente modo:

a. La doctrina de la resistencia o límite frente a otros ordenamientos, en cuya virtud el sistema «inferior» acepta el ordenamiento «superior» con la condición de que éste acepte los principios fundamentales de aquél (*counter-limits doctrine*).

b. La doctrina del margen de apreciación: la ley «superior» se impone sobre los ordenamientos «inferiores», pero admite y reconoce un cierto margen de libertad o apreciación en su aplicación.

c. La doctrina que distingue entre supremacía y primacía, de acuerdo con la cual el ordenamiento «superior» se aplica en el seno del ordenamiento «inferior», pero no en razón de su superioridad jerárquica, sino con base en un específico reparto de competencias entre los dos sistemas.

d. Fuentes atípicas o infra-constitucionales o «normas interpuestas». La norma «superior» se impone sobre la legislación ordinaria del sistema «inferior», aunque no sobre sus normas constitucionales.

e. Las doctrina del efecto directo y de la «interpretación conforme»: la norma «superior», aun cuando no tenga por destinatario directo a los sujetos privados, sí obliga a las autoridades del ordenamiento «inferior» a que apliquen sus propias normas a la luz y de conformidad con lo dispuesto en la «superior».

f. Las doctrinas de la «cortesía judicial» y de la reciprocidad, de las remisiones o de las «deferencias» entre distintos regímenes o sistemas

---

[11] La necesidad de interconexión entre los distintos sistemas legales más allá del Estado ha sido examinada en dos recientes estudios: NEIL WALKER, «Beyond Boundary Disputes and Basic Grids: Mapping the Global Disorder of Normative Orders», 6 INT'L J. CONST. L. 373 (2008); MICHEL ROSENFELD, «Rethinking Constitutional Ordering in an Era of Legal and Ideological Pluralism», 6 INT'L J. CONST. L. 415 (2008).

jurídicos hacen posible que los ordenamientos o regímenes supraesta-tales puedan ser considerados como partes integrantes o como sujetos a la obligación de cooperar.

g. La doctrina de la protección equivalente, de acuerdo con la cual un sistema jurídico reconoce la validez de lo dispuesto por otro ordena-miento sobre la premisa de que se garantice un nivel de protección de los derechos fundamentales que resulte comparable al que propor-ciona el primero.

h. A través de la división de funciones un ordenamiento admite la entrada de otro para que cumpla o satisfaga una concreta o específica función; y en eso consiste su papel.

i. Subsidiariedad: un ordenamiento jurídico se abstiene de intervenir en un asunto particular sobre el que tiene jurisdicción otro régimen jurídico menos alejado de los intereses en juego.

Estas cuestiones se examinarán de acuerdo con el siguiente esquema: en primer lugar se analizan varios ejemplos de conver-gencia y divergencia de intereses entre ordenamientos nacionales y supranacionales y entre ordenamientos de carácter global (capítulo segundo). Seguidamente se estudian dos casos en los que los órga-nos judiciales o cuasi-judiciales fueron llamados a resolver conflictos entre diferentes ordenamientos jurídicos situados en varios niveles (capítulo tercero). Con mayor detenimiento se abordan varios ejem-plos clave, seleccionados de entre los muchos de que se dispone en la actualidad, en los que órganos judiciales o cuasi-judiciales defi-nen las modalidades de conexión entre los diferentes ordenamientos jurídicos, ya estén situados en el mismo o en distintos niveles (capí-tulo cuarto). Finalmente, se trazan los diversos hilos conductores del análisis en su conjunto (capítulo quinto).

La presente reflexión parte del estudio de la jurisprudencia recaída en una serie de casos concretos. Ha de notarse que en este terreno abundan las ideas generales, lo que determina en ocasiones que se desemboque en conclusiones igualmente generales y abstractas. Entre éstas, podrían citarse, por ejemplo, la afirmación de que son siempre los Estados los que, en última instancia, resuelven los conflictos y entablan las relaciones con los demás ordenamientos jurídicos; o la de que la globalización es, ante todo, un fenómeno de carácter económico, subordinado en el campo del Derecho y de las instituciones al consentimiento de las partes; o la idea de que los ordenamientos jurídicos no estatales están destinados a permanecer como meras mónadas aisladas hasta la constitución de un ordenamiento global superior. El análisis que sigue aspira a demostrar que la teoría, si es capaz de aprehender el nuevo fenómeno, no puede contentarse, simplemente, con estas *idées reçues*, sino que ha de enfrentarse a los datos que ofrece la realidad para determinar si han de modificarse los paradigmas tradicionales.

CAPÍTULO SEGUNDO

CONVERGENCIA Y DIVERGENCIA DE INTERESES EN LA ARENA GLOBAL

ÍNDICE

I. INTRODUCCIÓN

E L espacio global se caracteriza por las siguientes notas: primero, el ordenamiento no posee carácter unitario y carece de un sistema normativo presidido por la idea de jerarquía; segundo, abundan las normas de carácter no obligatorio o vinculante, en particular estándares y mecanismos de Derecho blando o indicativo («soft law»); y, tercero, se trata de un espacio en el que se produce una fuerte competitividad o conflicto entre ordenamientos. Además, la arena global no reclama la vinculatoriedad; en su lugar, se establecen diversos mecanismos para facilitar el cumplimiento o la convergencia. Ante ese escenario, ¿cómo es posible que coexistan diferentes sistemas jurídicos situados en distintos niveles?

Intentaré responder a esta cuestión, en primer lugar, a través del examen de seis ejemplos[12], que nos permitirán esbozar algunas conclusiones a fin de entender mejor la estructura que presentan los

---

[12] Los seis ejemplos son: 1) Los acuerdos celebrados el 5 de mayo de 2008 entre los Gobiernos italiano y chino y entre *Enel* y el grupo chino *Wuhan Iron & Steel Co.*, en el marco del Mecanismo de Desarrollo Limpio del Protocolo de Kyoto; 2) La propuesta del representante especial de la ONU para Derechos Humanos presentado al Consejo de Derechos Humanos sobre la necesidad de reconocer y regular la responsabilidad de respetar los Derechos Humanos por parte de las empresas; 3) La comunicación de la Comisión Europea de 20 de marzo de 2008, proponiendo un número de medidas con la intención de dar respuesta a la aparición de la denominada «agroinflación»; 4) El acuerdo de septiembre de 2007 entre la ONU y el Estado de Guatemala estableciendo la Comisión Internacional contra la Impunidad en Guatemala (ICAIG); 5) La creación de nuevos sitios web «wikileaks.org» y la aparición de «denunciantes» en el ámbito global; y 6) La reciente propuesta del principio de «responsabilidad de proteger» en el contexto de los desastres naturales.

intereses en la escena internacional, para después ilustrar cómo los jueces entretejen la red de relaciones entre los diferentes ordenamientos jurídicos. La primera parte de la investigación reviste, por lo tanto, un carácter más sociológico, mientras que la segunda tiene un perfil más jurídico.

II. EL MEMORÁNDUM DE ENTENDIMIENTO SUSCRITO ENTRE LOS GOBIERNOS ITALIANO Y CHINO

El 5 de mayo de 2008, se firmaron dos acuerdos en Beijing: el primero, un Memorándum de Entendimiento Medioambiental entre los Gobiernos chino e italiano; el segundo, un contrato entre *Enel*, la mayor compañía energética de Italia, y la corporación *Wuhan Iron & Steel*, la segunda empresa de acero e hierro de China[13]. Sobre la base de estos acuerdos, *Enel*, junto con el Gobierno italiano, se comprometía a prestar servicios de consultoría para promover en China la generalización de tecnologías que permitieran un uso más limpio del carbón (las denominadas «tecnologías de carbón limpio»). A cambio, *Enel* adquiría del Gobierno chino asignaciones de emisión de dióxido de carbono (los llamados «certificados verdes» o certificados de reducción de emisiones). Los acuerdos pretendían ayudar a reducir las emisiones de CO_2 a la atmósfera de conformidad con el Protocolo de Kyoto[14].

---

[13] La *Wuhan Iron & Steel Co.* cotiza en la Bolsa de Shanghai, produce nueve millones de toneladas de acero e hierro al año y está considerado como el segundo grupo chino de hierro y acero en términos de capitalización.

[14] Más concretamente, el acuerdo consiste en una Declaración de Intenciones firmada por *Enel*, el Ministro de Ciencia y Tecnología de la República Popular de China y el Ministro italiano de Medio Ambiente, y se engloba en el marco del «Programa de Cooperación Italo-China para la Protección Medioambiental» iniciado en 2001 con el objetivo de identificar oportunidades para proyectos destinados a la promoción del desarrollo sostenible en China. Es más, el acuerdo también se encaja en el marco de las actividades iniciadas en 2004 por *Enel* y el Ministro de Medio Ambiente, con el objetivo de reducir las emisiones de gases de efecto invernadero en China. A este tipo de programas pueden añadirse, además, la preparación de declaraciones de intenciones entre los Gobiernos chino e italiano para el desarrollo de ciudades «eco-sostenibles» en ciertas áreas de China.

Las asignaciones de emisión de dióxido de carbono (cuyo valor total ascendía a ciento cincuenta millones de euros), también llamados «créditos de carbono» (que derivan de proyectos para mejorar la eficiencia energética de las empresas chinas)[15], requerían, sin embargo, la previa aprobación de la ONU y del Gobierno chino para su comercialización.

Este acuerdo resultaba beneficioso para el Gobierno chino en la medida en que le permitía mejorar el impacto medioambiental que se derivaba de la producción de energía eléctrica, puesto que conseguía reducir en más de un tercio las emisiones de dióxido de carbono por cada megavatio generado. La compañía italiana, por su parte, podía mantenerse, mediante la adquisición de esas asignaciones, dentro de los límites de emisión de CO_2, para la construcción de estaciones de chimenea de carbón en Civitavecchia y en Porto Tolle.

Estos acuerdos se enmarcan dentro del Mecanismo de Desarrollo Limpio, uno de los tres mecanismos establecidos en el Protocolo de Kyoto[16]. Este sistema, que se considera y define como de «mutuo beneficio», hace posible una mejor protección medioambiental y el crecimiento del mercado. China puede ahorrar miles de millones de toneladas de dióxido de carbono al año aplicando las tecnologías que le vende *Enel*; mientras que esta empresa puede, gracias a la adquisición de asignaciones de emisiones, aumentar el número de

---

[15] En particular, el contrato preveía la adquisición por *Enel* de asignaciones relativas a cinco proyectos en eficiencia energética, dirigidos a la reducción de emisiones de CO_2, por un total de 11,45 millones de toneladas métricas entre 2008 y 2012.

[16] Los otros dos mecanismos son la Implementación Conjunta y el Comercio de Emisiones. El Mecanismo de Desarrollo Limpio se regula en el artículo 12 del Protocolo de Kyoto, y resulta de aplicación a las relaciones entre Estados sujetos a límites en sus emisiones (límites que se contienen en el anexo B del Protocolo), como es el caso de Italia, y a aquéllos otros que no está sujeto a dichos límites, como China. El Mecanismo facilita la adopción de acuerdos entre estas dos categorías de países. Los objetos de tales acuerdos son proyectos financiados en países en vías de desarrollo que no están sujetos a estas limitaciones con objeto de aumentar la producción no-contaminante y reducir las emisiones en esos países. En contrapartida, los países financiadores obtienen «créditos» por la reducción de emisiones. Sobre esta cuestión, *vid.* JESSICA F. GREEN, «Delegation to Private Actors: A Study of the Clean Development Mechanism», *IILJ Emerging Scholars Papers* 5 [2007]. Con carácter más general, *vid.* SABINO CASSESE, *La crisi dello Stato* (2002), pp. 9-14.

sus plantas sin desbordar los límites fijados por el Protocolo de Kyoto y los programas de desarrollo sostenible[17].

Este caso pone en relación dos ordenamientos jurídicos nacionales (el italiano y el chino) y opera a nivel global a través de un sistema normativo extra-estatal (el establecido por el Protocolo de Kyoto). Afecta, por otra parte, a dos expresiones del interés general con indudable relevancia: la producción de electricidad y la protección medioambiental, más allá de los intereses comerciales en juego. En última instancia, aquí los intereses de los dos sistemas resultan convergentes.

III. LA PROPUESTA DE LA ONU SOBRE RESPONSABILIDAD CORPORATIVA EN MATERIA DE DERECHOS HUMANOS

El 3 de junio de 2008, el Representante Especial de Naciones Unidas para los Derechos Humanos presentó al Consejo de Derechos Humanos de la ONU una propuesta sobre responsabilidad corporativa en la protección de los derechos humanos[18]. Su finalidad, de acuerdo con el primer párrafo de la propuesta, consistía en asegurar «una protección más efectiva de los individuos y de las comunidades frente a los abusos que contra los derechos humanos comenten las empresas». A tal propósito, se establecía un «marco conceptual y de políticas» articulado en torno a una serie de principios. Señaladamente,

---

[17] Merece la pena destacar que *Enel* ha finalizado ya más de sesenta proyectos para la eliminación de gases de emisión de efecto invernadero con objeto de invertir en mercados menos eficientes. De este modo se lograrían –a través de un esfuerzo económico equivalente– mayores beneficios medioambientales, de conformidad con el Protocolo de Kyoto.

[18] Véase el informe del Representante Especial de la Secretaría General sobre la cuestión de los derechos humanos y las compañías transnacionales y otras empresas comerciales, *Promoción y protección de todos los derechos humanos, civiles, políticos, económicos, sociales y culturales, incluido el derecho al desarrollo*, A/HRC/8/5, 7 de abril 2008. *Vid.* también JOHN H. KNOX, «Horizontal Human Rights Law», 102 AM. J. INT'L. L. 1 (2008).

el párrafo 55 sentaba el principio de que las empresas han de respetar los derechos humanos, al margen y con independencia de las obligaciones que correspondan a los Estados[19]. O, lo que es lo mismo, disponía que no cabe distinguir ya entre «obligaciones primarias estatales» y «obligaciones secundarias corporativas». De este modo, se establecía la responsabilidad directa y primaria de las corporaciones, con independencia de la responsabilidad en que puedan incurrir sus Estados de origen. Las empresas tendrían que incluir el respeto a los derechos humanos en sus propios códigos de conducta y sólo podrían resultar beneficiarias de una ayuda financiera estatal a sus actividades de exportación –con mayor razón en zonas de conflicto–, si garantizan el respeto de esos derechos[20].

Esta propuesta pronto suscitaría numerosas cuestiones. Por ejemplo, *Coca-Cola* y su Director General, Neville Isdell (miembro de varias organizaciones de derechos humanos)[21] fueron objeto de críticas por esponsorizar los Juegos Olímpicos de Beijing. El Gobierno chino había sido acusado de cometer muchas atrocidades en el Tibet y de tolerar e incluso defender graves violaciones de derechos humanos en Myanmar y en Darfur, hasta el punto de

---

[19] Según el tenor literal del párrafo 55, «(l)a responsabilidad corporativa en relación con el respeto de los derechos existe al margen de los deberes del Estado. Por consiguiente, no hay necesidad para una distinción resbaladiza entre obligaciones corporativas 'primarias' y 'secundarias', que, en todo caso, invitaría a juegos estratégicos interminables en el ámbito de quién es el responsable y para qué. Es más, como quiera que la responsabilidad hacia el respeto de los derechos es una expectativa de base, no cabe que una compañía compense los daños causados a los derechos humanos por medio de la realización de buenas acciones en cualquier otro lugar. En fin, 'no hacer daño' no es sólo una responsabilidad pasiva para las empresas, sino que puede conllevar actuaciones positivas, por ejemplo, una política anti-discriminatoria en el lugar de trabajo puede requerir que la compañía adopte determinados programas de selección y formación».

[20] Sobre este punto, *vid.* el interesante Informe publicado el 16 de septiembre de 2008 por la Comisión Internacional de Juristas, la cual había establecido, en septiembre de 2006, un Comité Jurídico de Expertos sobre la Complicidad Corporativa en Crímenes Internacionales, encargado de supervisar la conducta de las empresas en relación con los derechos humanos. El Informe se encuentra disponible en www.business-humanrights.org/Updates/Archive/ICJPaneloncomplicity.

[21] Concretamente, el Director General de *Coca-Cola* es miembro del *UN Global Compact* y de *Iniciativa de Líderes Empresariales sobre Derechos Humanos*. Además, bajo su dirección, *Coca-Cola* está financiando numerosos proyectos en Darfur destinados a apoyar a la población local y a la protección de los derechos humanos.

que los juegos de Beijing fueron definidos públicamente como las «olimpiadas genocidas»[22]. Para muchas asociaciones de ámbito supranacional que trabajan en el campo de los derechos humanos, como la organización no gubernamental *Human Rights Watch*, la financiación de los Juegos Olímpicos por parte de empresas privadas suponía una verdadera complicidad con la denunciada violación de derechos humanos y una conspiración de silencio. Tal como había sucedido en Sudáfrica durante la lucha contra el *Apartheid*,[23] se pensaba que una adecuada «reacción» y actitud de las empresas podría contribuir a mejorar la protección de los derechos humanos en China.

En este caso, se dieron cita un ordenamiento jurídico nacional (China) y dos sistemas globales (el Comité Olímpico Internacional y la ONU). El conflicto se produjo, pues, con dos ordenamientos o regímenes regulatorios de alcance global, uno para la protección de los derechos humanos y otro para el deporte. En este caso, y por contraste con el anterior, cabe apreciar convergencias y divergencias entre los distintos intereses enfrentados.

IV. POLÍTICA AGRÍCOLA COMUNITARIA Y «AGROIN-FLACIÓN»

Durante los últimos seis años, los precios de la harina, el maíz, el arroz y la soja se incrementaron en todos los países del mundo[24]. A este fenómeno glo-

---

[22] *Vid.*, en este punto, el artículo «Beyond the 'genocide Olympics'», *The Economist*, 24 de abril de 2008.

[23] En relación a las acciones llevadas a cabo por un algunas multinacionales contra el *Apartheid* en Sudáfrica.

[24] Se calcula que entre 2007 y 2008 el incremento medio en el precio de los alimentos ha sido del 50%, con picos del 70% para el arroz (cuyo precio aumentó, en especial, en 2008), de casi el 90% para la soja y del 130% para el trigo (cuyo incremento se concentró, sobre todo, en 2007). El Banco Mundial predijo que los precios se mantendrían elevados durante los años 2008 y 2009, a partir de los cuales, comenzarán a bajar en los años sucesivos –aunque también prevé que en 2015 los precios se mantendrán, no obstante, más altos que los que había en 2004–.

bal se le dio el nombre de «agroinflación»[25]. La subida de los precios obedeció a una serie de causas, entre las que se podrían citar, primero, la utilización de ciertos productos alimentarios para generar biocombustibles[26], en beneficio de otras formas alternativas de energía; segundo, la caída de la oferta como consecuencia no ya sólo de los desastres naturales, sino también de la aplicación de las medidas comunitarias tendentes a reducir la superficie de suelo cultivable[27]; tercero, la mejora de las condiciones de vida en algunos Estados de grandes dimensiones como la India y China, y el consiguiente crecimiento de la demanda de carne en todo el mundo (unido al consumo de ciertos productos, como el trigo y el maíz, para el sustento de la ganadería); y, cuarto, el incremento de los costes de transporte.

La «agroinflación» tiene relevantes efectos no sólo en el aumento del coste de la vida, en particular en aquellos países que importan productos alimentarios básicos, sino también en un plano global, puesto que lleva aparejado un mayor nivel de hambre en el mundo.

Numerosas organizaciones extra-estatales reaccionaron ante esta situación. El Relator Especial de la ONU para el Derecho a la Alimentación advirtió de una «crisis alimentaria» que podría desembocar en la «masacre

---

[25] El término «agroinflación» respondería al incremento del precio de los alimentos, en particular, en 2007. Lo acuñó *Merrill Lynch*, un gran banco de inversión con sede en Nueva York que fue una de las primeras víctimas de la crisis financiera.

[26] Los biocombustibles son carburantes obtenidos directamente de la biomasa: cereales, maíz, azúcar, remolacha, caña, etc. Se considera biofueles a los siguientes: bioetanol, biodiesel, biometanol, éter dimetílico, hidrocarbonos sintéticos, biohidrógeno y aceites vegetales. Para más información, *vid.* http://en.wikipedia.org/wiki/Biofuel.

[27] Se trata de un programa cuyo objeto consistía en apoyar a los agricultores frente a los excesos de producción y la caída del mercado que se habían producido en el pasado, cuando los precios de los alimentos eran muy bajos y la oferta resultaba mayor que la demanda.

La norma relevante se encuentra en el Reglamento del Consejo (EC) n. 1782/2003 de 29 de septiembre de 2003 que establece disposiciones comunes aplicables a los regímenes de ayuda directa e instaura determinados regímenes de ayuda a los agricultores y por el que se modifican los Reglamentos (EEC) n. 2019/93, (EC) n. 1452/2001, (EC) n. 1453/2001, (EC) N. 1454/2001, (EC) 1868/94, (EC) n. 1251/1999, (EC) n. 1254/1999, (EC) n. 1673/2000, (EEC) n. 2358/71 y (EC) n. 2529/2001.

silenciosa» de los más vulnerables del mundo[28]. El Banco Mundial invitó a la comunidad internacional a dar una respuesta urgente a esta emergencia: el alto precio del arroz suponía el riesgo de colocar a cien millones de personas por debajo del umbral de la pobreza[29].

En 2007, el Consejo de la Unión Europea dejó en suspenso para 2008 la obligación impuesta a los agricultores de los Estados miembros de retirar de la producción el 10% de su tierra cultivable (el «requisito de retirada de tierras»)[30], derogando lo dispuesto en el Reglamento CE n. 1782/2003[31]. En mayo de 2008, la Comisión Europea propuso al Consejo y al Parlamento Europeos una serie de medidas dirigidas a mitigar los efectos del incremento de precios a corto y medio plazo (y a aumentar el volumen productos alimentarios básicos a largo plazo), así como a aliviar los efectos de la crisis en el ámbito internacional[32]. En julio de 2008, la Comisión presentó una propuesta para implantar un sistema especial de financiación que incluía un fondo

---

[28] Esta expresión se ha tomado de un artículo de DANILO TAINO, «L'inviato Onu: la crisi del cibo è uno sterminio silenzioso», *Il Corriere della Sera*, 21 de abril de 2008.

[29] A ello pueden añadirse las intervenciones del Fondo Monetario Internacional (FMI) y de la Organización para la Agricultura y la Alimentación (FAO).

[30] En Italia supone aproximadamente 250.000 hectáreas de tierra cultivable.

[31] *Vid.* el Reglamento del Consejo (CE) N. 1107/2007 de 26 de septiembre de 2007 que deroga el Reglamento (CE) N. 1782/2003 por el que se establecen disposiciones comunes aplicables a los regímenes de ayuda directa y se instauran determinados regímenes de ayuda a los agricultores, por lo que respecta a la retirada de tierras para el año 2008.

[32] *Vid.* la Comunicación de la Comisión al Parlamento Europeo, al Consejo, al Comité Económico y Social Europeo y al Comité de las Regiones, «Hacer frente al reto del alza de precios de los productos alimenticios. Orientaciones para la acción de la UE», Bruselas, 20 mayo 2008, COM (2008) 321. Las medidas propuestas, a través de respuesta inmediata a la emergencia, consistían en el ajuste de la política agrícola común; actuar en beneficio de las personas más desfavorecidas; investigar el funcionamiento de la cadena de existencias; evitar medidas con efectos distorsionadores; y analizar inversiones especulativas. Las medidas a largo plazo afectaban, sobre todo, a la producción de biocombustibles y de organismos modificados genéticamente (OMG). Por último, en relación con las medidas para responder a la crisis a nivel internacional, se propusieron concluir pronto la Ronda de negociación de Doha, y el fortalecimiento de la acción comunitaria en el campo de los derechos humanos. La propuesta fue aceptada por el Consejo Europeo en el documento que contiene las conclusiones del Presidente del Consejo UE de 20 de junio de 2008 (CONCL 2, 11018/08).

de mil millones de euros para apoyar a los agricultores en países en vías de desarrollo[33].

Este caso puso en conexión a ordenamientos jurídicos situados en tres niveles diferentes: nacional, supranacional (la Comunidad Europea) y global (la ONU, el Banco Mundial, el FMI, y la FAO). También se vieron afectados los intereses generales relacionados con la protección del medio ambiente, el desarrollo energético y la protección de la vida humana. En última instancia, este problema hizo aflorar una singular paradoja. Y es que la mejora de la calidad de vida y de la protección medioambiental implicaron, indirectamente, un deterioro de las condiciones de subsistencia de buena parte de la población mundial.

V. EL PROBLEMA DE SEGURIDAD EN GUATEMALA

En febrero de 2008, doce conductores de autobús fueron asesinados en Guatemala[34]. Aunque la democracia se había implantado en 1985 y ya había concluido la guerra civil, lo cierto es que para la comunidad internacional sus instituciones civiles y democráticas no habían logrado consolidarse suficientemente. Guatemala poseía una de las mayores tasas de violencia del mundo (cuarenta y tres asesinatos anuales por cada cien mil habitantes). Estos altos índices de criminalidad y violencia extrema iban asociados a un muy alto grado de impunidad (de hecho, sólo el 2% de los asesinatos cometidos llegan algún día a ser objeto de procesos judiciales).

---

[33] La notificación de la propuesta está disponible en la sección «Press Release Rapid» de la página web de la Unión Europea: http://europa.eu/rapid/pressReleasesAction.do?reference=IP/08/1186&format=HTML&aged=0&language=IT&guiLanguage=en. Además, en el contexto del marco para controlar el precio del cereal, se aprobó el Reglamento CE (EC) N. 1039/2008 de 22 de octubre de 2008 por el que se «restablecen los derechos de aduana aplicables a la importación de determinados cereales en la campaña de comercialización 2008/09».

[34] Así se denunció en «A test of wil: Guatemala», *The Economist*, 22 de marzo de 2008.

Con la finalidad de frenar el índice de criminalidad y de resolver el serio problema de la ineficiencia de la justicia, la ONU celebró un acuerdo con el Estado de Guatemala para el establecimiento de un órgano extra-estatal que contribuyera a mejorar la administración de justicia y asegurara la persecución del delito[35]. En mayo de 2007, el Tribunal Constitucional de Guatemala declaró la adecuación del acuerdo con el texto constitucional, aunque rechazó la posibilidad de que esa organización pudiera, por sí misma, presentar acusaciones o involucrarse en la persecución del delito[36]. El Tribunal Constitucional ya había excluido la idea originaria, postulada señaladamente por organizaciones de derechos humanos, de erigir un tribunal supranacional independiente con funciones de investigación en el ámbito del crimen organizado, sobre la base de que ello violaría la soberanía nacional de Guatemala. En agosto de 2007, el Parlamento de Guatemala aprobó el acuerdo y en septiembre del mismo año se constituyó la Comisión Internacional contra la Impunidad en Guatemala (ICAIG, en sus siglas en inglés).

La Comisión tiene facultades para investigar el delito y promover su persecución ante los tribunales nacionales. De conformidad con lo establecido en su Acuerdo constitutivo –art. 1(1) (a)–, la comunidad internacional, a través de esta institución, proporciona asistencia al Gobierno guatemalteco. El Acuerdo otorga a la Comisión una completa autonomía funcional y la facultad para obtener, evaluar y clasificar toda la información que sea relevante sobre la investigación de los delitos con el fin de promover la persecución penal de los sospechosos, proporcionar asistencia técnica, y comunicar a las autoridades competentes los nombres de los funcionarios públicos que no cumplan sus deberes[37].

Este ejemplo afecta a un ordenamiento jurídico nacional (el de Guatemala) con otro global (el de la ONU). El respeto a la cláusula

---

[35] Un informe completo de los datos de esta situación y un listado actualizado de documentos relevantes puede verse en www.humanrightsfirst.org/defenders/hrd_guatemala/ hrd_cicig.asp.

[36] El texto de la decisión se encuentra disponible en www.humanrightsfirst.info/ pdf/07511-hrd-cicig-press-release-sp.pdf.

[37] Los poderes y las funciones de la Comisión se regulan, específicamente, en los artículos 2 y 3 del Acuerdo, respectivamente. El texto del Acuerdo está disponible en www. humanrightsfirst.info/pdf/061215-hrd-digned-english-agreement-cicig.pdf.

del Estado de Derecho es de interés común para ambos ordenamientos. Hay, por tanto, una convergencia plena de los intereses en juego.

VI. «LA EDAD DORADA DEL CIBERACTIVISMO»

En diciembre de 2006, un grupo de autores anónimos creó la sección «Wikileaks» en la página web de *Wikipedia*[38]. Se trata de una organización cuyo objeto consiste en publicar o filtrar a los medios la información considerada secreta o no publicable («leak») que se refiera a actuaciones negativas de los Gobiernos de todo el mundo[39]. Los materiales publicados en la página son suministrados por «denunciantes» (informadores)[40] que trabajan para instituciones públicas, compañías privadas, agencias gubernamentales u organizaciones internacionales, y cuya identidad se mantiene en secreto gracias a la sofisticada tecnología criptográfica usada en el sitio web y a la ocultación de las direcciones IP (*Internet Protocol*) de los ordenadores de los colaboradores. Se creaba así una especie de limbo jurídico en el ciberespacio. La página

---

[38] *Vid* www.wikileaks.org. La versión en español de esa página: http://www.wikileaks. org/wiki/Wikileaks/es#.C2.BFQu.C3.A9_es_Wikileaks.org.3F_.C2.BFPor_qu.C3.A9_ usar_el_principio_Wiki_en_el_leaking.3F. De acuerdo con la explicación de esa página web, «Wikileaks desarrolla una versión no censurable de Wikipedia para la publicación masiva y el análisis de documentos secretos (*Leaks*), manteniendo a sus autores en el anonimato (*leaking* = hacer pública alguna información sin contar con autorización o aprobación oficial, a pesar de los esfuerzos para mantenerla en secreto). Nuestro principal interés se centra en los países con regímenes totalitarios como China, Rusia, la Eurasia Central, el Próximo Oriente y África Subsahariana. No obstante, nosotros cooperamos también con todos aquellos que quieran desvelar comportamientos no éticos por parte de sus gobiernos y empresas».

[39] Para un relato histórico de la organización y de sus actividades, *vid*. http://en.wikipedia. org/wiki/Wikileaks.

[40] Un «denunciante» (*whistleblower*, en inglés) es definido como «un empleado, un antiguo empleado o un miembro de una organización, especialmente una empresa o una agencia pública, que denuncia una mala conducta profesional a personas o entidades que tienen el poder o la buena disposición para la adopción de medidas correctivas» (definición de http://en.wikipedia.org/wiki/Whistleblower).

utiliza proveedores de acceso a Internet localizados en Suecia y Bélgica, por encontrar en esos países la mejor protección jurídica.

La organización apela a los «ciudadanos de la red» (los llamados «ciberciudadanos»)[41], y alcanzó un enorme éxito en su labor de animar a la gente a denunciar hechos y documentos de interés colectivo. Pronto llegaría a más de un millón de documentos publicados en la web, entre ellos, por ejemplo, el manual de entrenamiento para los guardias de prisión de Guantánamo y un documento relativo a los costes asumidos por el Gobierno del Reino Unido en el rescate del *Banco Northern Rock*.

La actividad de esta página web salió a la luz en enero de 2007, cuando el editor de *Secrecy News*, una publicación que había revelado numerosos secretos militares y gubernamentales, fue invitado a participar en el Consejo Asesor de la organización[42]. En febrero de 2008, el Tribunal Federal de San Francisco censuró el sitio web, ordenando el cierre de la página[43], aunque se seguirían publicando después muchos materiales en «Wikileaks» sin observar las normas de derechos de autor[44].

---

[41] Un *«ciberciudadano»* se definiría como una «persona involucrada activamente en comunicaciones electrónicas».

[42] Los miembros de este órgano son, en su mayor parte, activistas políticos, matemáticos, científicos informáticos, abogados, periodistas, escritores, etc.

[43] El Tribunal ordenó al operador (*Dynadot LCC*) la desconexión del SND [NdT: DNS en sus siglas en inglés, *Domain Name System*, Sistema de Nombres de Dominio], sistema que crea la asociación entre el dominio wikileaks.org y el ordenador que físicamente aloja el sitio. El operador también fue requerido para que «inmediatamente limpiara y removiera todos los registros de hospedaje de SND del nombre de dominio wikileaks.org e impidiera que los nombres de dominio de la página wikileaks.org o cualquier otra página o servidor condujeran a páginas distintas de una página en blanco, hasta tanto no se produjera otro pronunciamiento del Tribunal». Más tarde, sin embargo, el Tribunal, de hecho, revocó parcialmente su decisión y ordenó que se repusiera el SND, pero que se retiraran los documentos objeto de controversia. En cualquier caso, este enjuiciamiento no mermó la visibilidad de la página en Internet, que permaneció accesible a través de su dirección numérica.

[44] Es menester hacer notar que la actividad del «Wikileaks» ha sido comparada con el libro de Daniel Ellsberg, *Pentagon Papers* (1971), sobre los secretos del Pentágono. En Estados Unidos, filtrar información política a través de la publicación de documentos es una actividad jurídicamente protegida. *Vid.* el caso *New York Times Co. V. United States*, 403 U.S. 713 (1971). El Tribunal Supremo estableció que el *New York Times* y el *Washington*

El desarrollo de esta «peligrosa» comunidad de la red preocupó a muchos Gobiernos, como a los de China, Turquía y de los países árabes, que bloquearían el uso del dominio o, en algunos casos, filtrarían su contenido. Para algunos, las reacciones de esos Gobiernos podrían acabar con la llamada «edad dorada del ciberactivismo»[45].

En esta controversia confluyen ordenamientos jurídicos nacionales (los de EE.UU., China, Turquía y los países árabes) y un ordenamiento global (el de Internet, gobernado en sus aspectos técnicos por la *Internet Corporation for Assigned Names and Numbers*, ICANN)[46]. Los intereses afectados son los relativos a la libertad de expresión y de información, de un lado y, de otro, los que se refieren a la protección del orden público, intereses que aquí sí se hallan en abierto conflicto.

VII. EL DENOMINADO PRINCIPIO DE «RESPONSABILIDAD DE PROTEGER»

En una reunión diplomática que se celebró en la ONU en mayo de 2008, el ministro francés de Asuntos Exteriores, Bernard Kouchner, declaró, en relación con los desastres naturales ocurridos en el Estado de Myanmar, que «bastaría media hora para que los helicópteros franceses pudieran llegar a

---

Post podían publicar los documentos del Pentágono sin riesgo de censura gubernamental. El presidente Nixon había solicitado poderes ejecutivos para forzar al *New York Times* a suspender la publicación de información clasificada. La cuestión planteada ante el órgano judicial consistía en dilucidar si la libertad constitucional de prensa protegida por la Primera Enmienda debía subordinarse a la supuesta necesidad del Ejecutivo de mantener el secreto de la información. El Tribunal decidió que la Primera Enmienda protegía el derecho de los periódicos a publicar tales informaciones.

[45] *Vid.* el artículo «Leaks and Lawsuits; The Internet and Government», *The Economist*, 8 de marzo de 2008.

[46] El *Internet Corporation for Assigned Names and Numbers* (ICANN) es una organización californiana que regula el sistema de nombres de dominio en el ámbito global, llevando a cabo tanto las funciones de estandarización como la de órgano de Gobierno.

la zona desvastada». Propuso, en otras palabras, que se aplicara al caso el denominado principio de «responsabilidad de proteger», o responsabilidad de prestar la protección necesaria a la población en casos extraordinarios[47]. Sin embargo, los Gobiernos de Myanmar y los de otros países (como Rusia, China, Vietnam y Sudáfrica) se opusieron a la aplicación de dicho principio, rehusando aceptar forma alguna de interferencia con su soberanía estatal.

El artículo 2(7) de la Carta de las Naciones Unidas establece que «ninguna disposición de esta Carta autorizará a las Naciones Unidas a intervenir en los asuntos que son esencialmente de la jurisdicción interna de los Estados». El artículo 39, sin embargo, autoriza al Consejo de Seguridad a intervenir en caso de «amenaza a la paz, quebrantamiento de la paz o acto de agresión»[48], tanto en caso de conflicto dentro de un Estado, como de Estados entre sí[49].

En 2001 se dio un paso más cuando la Comisión Internacional sobre la Intervención y Soberanía del Estado (ICISS)[50] propuso la transformación del derecho de intervención en un principio de «responsabilidad de proteger»[51].

---

[47] Este principio, que se ha desarrollado en la esfera de la política internacional, está basado en el argumento de que la protección de vidas humanas puede, en circunstancias extremas, justificar la violación de la soberanía nacional. *Vid.* CARLO FOCARELLI, «La dottrina della 'responsabilità di proteggere' e l'intervento umanitario», *Rivista di Diritto Internazionale* 317 (2008).

[48] Esta norma es el fundamento de la «misión de paz» de la ONU. *Vid*, sobre este punto, P. PICONE, *Comunità internazionale e obblighi «erga omnes»* (2006), pp. 207-296; y, sobre actividades de mantenimiento de la paz, en pp. 319-349.

[49] *Vid.*, sobre este punto, el artículo «To protect sovereignty, or to protect lives?», *The Economist*, 17 de mayo de 2008.

[50] La página web de la Comisión está en la dirección www.iciss-ciise.gc.ca/menu-en.asp.

[51] El texto del informe se encuentra disponible en www.iciss-ciise.gc.ca/pdf/Commission-Report.pdf. Considera el problema de las limitaciones en la soberanía del Estado derivada de la aplicación del principio de responsabilidad de proteger. Otros principios, ligados al de responsabilidad de proteger, que también figuran en el informe son: la «responsabilidad de prevenir», la «responsabilidad de reaccionar» y la «responsabilidad de reconstruir». También aborda el problema de la asunción de las bases de la legitimidad de las intervenciones cuando se llevan los principios a la práctica, citando la Carta de las Naciones Unidas como la principal norma de referencia, y aborda el papel del Consejo de

También fue un tema que se tuvo en cuenta en el marco de la Reforma de la ONU de 2004[52]. El principio de responsabilidad de proteger se reconoció por primera vez en la cumbre Mundial de la ONU de 2005 para casos de genocidio, crímenes de guerra, limpieza étnica y crímenes contra la humanidad[53]. En particular, el párrafo 139 del Documento Final establece que «la comunidad internacional, a través de las Naciones Unidas, tiene asimismo la responsabilidad de usar los medios diplomáticos, humanitarios y otros medios pacíficos que resulten apropiados, de conformidad con los capítulos VI y VIII de la Carta, para ayudar a proteger a las poblaciones del genocidio, los crímenes de guerra, la limpieza étnica y los crímenes contra la humanidad».

De haberse aceptado la propuesta del Ministro de Exteriores francés en relación con Myanmar, se habría extendido el alcance del principio a los supuestos de desastres naturales[54].

Esta controversia involucra a un ordenamiento jurídico nacional (el de Myanmar) y a otro global (de la ONU). Los intereses en juego –y en conflicto– son, de una parte, los humanitarios y, de otro, los del Estado en defensa de su soberanía.

Seguridad de la ONU y las posibilidades de intervención que éste tiene disponibles, tanto pacíficas como militares.

[52] *Vid.*, en este contexto, el Informe del Secretario General de la ONU publicado en la sección de la página web de la ONU dedicada a la reforma (www.un-ngls.org/sg-report. htm). En el párrafo 135 del informe, en la sección dedicada al «Estado de Derecho», el Secretario General en respuesta al informe del ICISS opina que «debemos adherirnos a la responsabilidad de proteger y, cuando sea necesario, debemos actuar en base a ella».

[53] El documento está disponible en www.who.int/hiv/universalaccess2010/worldsummit.pdf.

[54] Es menester destacar que la ONU ha creado un Grupo de Trabajo para ocuparse de los desastres naturales, dirigido por el Vicesecretario General para Asuntos Humanitarios y Coordinador de Ayuda de Emergencia, quien en julio de 2008 visitó los lugares de Myanmar que resultaron más afectados por el ciclón.

VIII. CONVERGENCIA Y DIVERGENCIA

Los ejemplos esbozados afectan a ocho cuestiones de fondo: producción de energía; protección medioambiental; regulación deportiva; derechos humanos; producción agrícola y alimentaria; justicia y orden público; libertad de expresión; y ayuda en situaciones de desastre.

Se extienden, pues, por una amplia gama de sectores donde tradicionalmente ha actuado el poder público, y en los que se producen muchos de los conflictos de la vida social y económica de nuestros días.

En estos ejemplos confluyen numerosos ordenamientos jurídicos: siete sistemas globales, un sistema supranacional y seis sistemas nacionales. Los siete ordenamientos globales son los sistemas regulatorios del Protocolo de Kyoto, la ONU, la IOC, la FAO, el Banco Mundial, el FMI y la ICANN. El sistema supranacional es el ordenamiento de la Comunidad Europea. Y los seis ordenamientos nacionales en liza son los de Italia, China, EE.UU., Guatemala, Turquía y Myanmar. Cada sistema tiene uno o varios intereses que pretende salvaguardar.

Son muchas las relaciones existentes entre los intereses protegidos en estos ordenamientos jurídicos, de los que ahora podemos hacer una breve clasificación. En primer lugar, hay intereses públicos globales que convergen, bien con intereses privados, bien con intereses nacionales (como en el ejemplo de la Declaración de Intenciones Medioambiental entre China e Italia). En segundo lugar, cabe identificar intereses públicos globales que convergen en parte con intereses privados nacionales, aunque entran en conflicto con intereses públicos nacionales (como en la controversia sobre la responsabilidad de las corporaciones en la violación de los derechos humanos). En tercer lugar, hay intereses públicos globales que entran en conflicto entre sí (como en el ejemplo de la «agroinflación»). En cuarto lugar, se puede hablar de convergencia entre intereses nacionales públicos e intereses públicos globales (como ilustra el ejemplo de Guatemala). En último lugar, existen casos en los que el interés público nacional y el interés público global colisionan (como en los ejemplos de «Wikileaks» y Myanmar).

¿Cuáles son las consecuencias de este análisis de la convergencia y la divergencia de intereses en el espacio global? Aun cuando no exista un ordenamiento uniforme y de reglas preestablecidas que regulen las relaciones entre los sistemas jurídicos representativos de estos intereses, sí cabe observar una variada gama de interacciones y de estructuras. Se advierte la ausencia de reglas sistemáticas o generales capaces de regular la forma en la que las relaciones entre ordenamientos jurídicos se enmarcan y equilibran (como, por ejemplo, reglas de reconocimiento, de jerarquía o de supremacía entre normas de los diferentes órdenes).

CAPÍTULO TERCERO

NI SOLDADOS NI EMBAJADORES, SINO JUECES

ÍNDICE

I. EL ASUNTO *SWORDFISH*

E N un mundo en el que no existen reglas generales ni principios básicos y, sin embargo, conviven una multiforme variedad
de ordenamientos sectoriales más allá del Estado, ¿cómo es posible
garantizar la armonía –o cuando menos la coexistencia–, cuando no
existe una autoridad superior que se imponga para resolver tantos
conflictos?

Es aquí donde los jueces tienen una relevante función que cumplir. Y a su examen se dedicarán las páginas que siguen, tomando
como punto de partida dos controversias caracterizadas por la confluencia de diversos regímenes jurídicos, diferentes ámbitos materiales, distintos intereses en conflicto y la interacción de numerosos
órganos judiciales o cuasi-judiciales de naturaleza extra-estatal. Ha
de comenzarse por establecer los principales aspectos de cada uno
de estos conflictos, para después pasar a un análisis de las características comunes a todos ellos.

El asunto *Swordfish* (o «pez espada», en español) se refiere a
una disputa entre la Comunidad Europea y el Estado de Chile[55].
Los barcos españoles habían estado pescando pez espada en el área
sudoriental del Pacífico, en una zona de alta mar adyacente a la zona
económica exclusiva chilena. Chile, un país con más de cuatro mil
kilómetros de costa, y preocupado por el agotamiento de las reser-
vas de peces en general y por las especies migratorias en particular,

---

[55] Sobre este caso, *vid*. TULLIO TREVES, «Fragmentation of International Law: the Judicial Perspective», 23 *Comunicazioni e Studi* 821 (2008).

había prohibido la descarga de pez espada en sus puertos (a través de dos leyes, una de 1991 y otra de 1999). Por lo tanto, los barcos pesqueros españoles no podían vender ni almacenar su carga en los puertos chilenos, ni transferirlos a otros buques.

En abril de 2000, la Comunidad Europea, con base en el artículo 4.4 del Acuerdo de Solución de Diferencias (ASD) de la Organización Mundial del Consumo (OMC)[56], presentó una solicitud de consultas con la Misión Permanente de Chile, en la que alegaba la «aparente falta de conformidad de las medidas aludidas con las obligaciones de Chile, según el Acuerdo General sobre Aranceles Aduaneros y Comercio de 1994», y en particular que «las medidas parecían infringir los artículos V y XI» de tal Acuerdo[57]. Al no haber podido llegar a una solución del problema, en noviembre del mismo año la Comunidad Europea solicitó, con invocación del artículo 6 del ASD, la formación de un Panel para enjuiciar la conformidad de las medidas chilenas con los artículos V:1-3 y XI:1 del GATT[58].

---

[56] *Acuerdo relativo a las normas y procedimientos que rigen la solución de controversias*, Anexo 2 del Acuerdo OMC, Ronda de Uruguay, 1986-1994.

[57] WT/DS193/1 de 26 de abril de 2000.

[58] WT/DS193/2 de 7 de noviembre de 2000. El artículo V:1-3 del GATT establece lo siguiente: *Libertad de tránsito*. 1. Las mercancías (con inclusión de los equipajes), así como los barcos y otros medios de transporte serán considerados en tránsito a través del territorio de una parte contratante, cuando el paso por dicho territorio, con o sin transbordo, almacenamiento, fraccionamiento del cargamento o cambio de medio de transporte, constituya sólo una parte de un viaje completo que comience y termine fuera de las fronteras de la parte contratante por cuyo territorio se efectúe. En el presente artículo, el tráfico de esta clase se denomina 'tráfico en tránsito'. 2. Habrá libertad de tránsito por el territorio de cada parte contratante para el tráfico en tránsito con destino al territorio de otra parte contratante o procedente de él, que utilice las rutas más convenientes para el tránsito internacional. No se hará distinción alguna que se funde en el pabellón de los barcos, en el lugar de origen, en los puntos de partida, de entrada, de salida o de destino, o en consideraciones relativas a la propiedad de las mercancías, de los barcos o de otros medios de transporte. 3. Toda parte contratante podrá exigir que el tráfico en tránsito que pase por su territorio sea declarado en la aduana correspondiente; sin embargo, salvo en el caso de inobservancia de las leyes y reglamentos de aduana aplicables, los transportes de esta naturaleza procedentes del territorio de otra parte contratante o destinados a

En diciembre de 2000, Chile –con el consentimiento de la Comunidad Europea– hizo una petición al Tribunal Internacional del Derecho del Mar (TIDM) para la formación, al amparo del artículo 15(2) del Estatuto de ese Tribunal, de una Sala Especial con el fin de dilucidar, entre otros extremos, si la Comunidad había observado sus propias obligaciones de cooperación relativas a la conservación del pez espada, impuestas por los artículos 64 y 116-119 de la Convención de Naciones Unidas sobre el Derecho del Mar (CNUDM)[59], respecto de las actividades pesqueras de los barcos de los Estados Miembros de la Unión en el área de alta mar adyacente a la zona económica exclusiva de Chile[60]. Por su parte, la Comunidad Europea solicitó del mismo Tribunal que declarase la violación por parte

---

él no serán objeto de ninguna demora ni de restricciones innecesarias y estarán exentos de derechos de aduana y de todo derecho de tránsito o de cualquier otra carga relativa al tránsito, con excepción de los gastos de transporte y de las cargas imputadas como gastos administrativos ocasionados por el tránsito o como costo de los servicios prestados». Por otra parte, el artículo XI:1 establece la «*Eliminación General de Restricciones Cuantitativas. 1.* Ninguna parte contratante impondrá ni mantendrá –aparte de los derechos de aduana, impuestos u otras cargas– prohibiciones ni restricciones a la importación de un producto del territorio de otra parte contratante o a la exportación o a la venta para la exportación de un producto destinado al territorio de otra parte contratante, ya sean aplicadas mediante contingentes, licencias de importación o de exportación, o por medio de otras medidas».

[59] El artículo 64 de la CNUDM establece: «1. El Estado ribereño y los otros Estados cuyos nacionales pesquen en la región las especies altamente migratorias enumeradas en el Anexo I cooperarán, directamente o por conducto de las organizaciones internacionales apropiadas, con miras a asegurar la conservación y promover el objetivo de la utilización óptima de dichas especies en toda la región, tanto dentro como fuera de la zona económica exclusiva. En las regiones en que no exista una organización internacional apropiada, el Estado ribereño y los otros Estados cuyos nacionales capturen esas especies en la región cooperarán para establecer una organización de este tipo y participar en sus trabajos...». Los artículos 116-119 aluden a la «Conservación y Administración de los recursos vivos en la alta mar» (art. 116); el «Deber de los Estados de adoptar medidas para la conservación de los recursos vivos de la alta mar en relación con sus nacionales» (art. 117); la «Cooperación de los Estados en la conservación y Administración de los recursos vivos» (art. 118); y la «Conservación de los recursos vivos de la alta mar» (art. 119).

[60] TIDM, *Caso relativo a la conservación y a la explotación sostenible de las poblaciones de pez espada en el sur-este del Océano Pacífico*, de 20 de diciembre de 2000.

de Chile de varias de sus obligaciones impuestas por la CNUDM, señaladamente en sus artículos 87, 89 y 116-119[61].

Por lo tanto, para resolver una misma controversia se iniciaron dos procesos diferentes, ante dos órganos judiciales distintos (el Panel de la OMC y la Sala Especial del TIDM), respecto de dos sistemas de normas globales (uno relativo a la regulación del comercio y el otro a la pesca).

En 2001, la Comunidad Europea y Chile alcanzaron un primer acuerdo con vistas a concluir un acuerdo definitivo que pusiese fin a la disputa en términos amistosos[62]. En el primero, las partes establecieron un esquema de cooperación bilateral para la pesca de pez espada en el Pacífico sudoriental, con la creación de una organización específica, la Comisión Bilateral Científica y Técnica (CMCT)[63]. Se suspendieron los dos procesos que se habían iniciado en el marco de la OMC y de la CNUDM respectivamente, al constituirse la Comisión, mientras ésta auspiciaba la conclusión del acuerdo final[64].

---

[61] El artículo 87 de la CNUDM regula la «libertad de la alta mar»; mientras que el artículo 89 establece la «ilegitimidad de las reivindicaciones de soberanía sobre la alta mar».

[62] El texto del acuerdo se adjunta a la Comunicación de la Comunidad Europea al Jurado de la OMC de 6 de abril de 2001 (WT/DS193/3).

[63] El programa comenzó a funcionar en marzo de 2001. Las funciones de la Comisión se enumeran en el acuerdo, y son tanto de carácter técnico-científico como de naturaleza «política» (la última en el sentido de promover la cooperación entre las partes).

[64] En cuanto a los procedimientos ante el Jurado de la OMC, *vid.* WT/DS193/3/Add. 1 de 19 de abril de 2001, WT/DS193/3/Add. 2 de 17 de noviembre de 2003, WT/DS193/3/Add. 3 de 22 de diciembre de 2005 y WT/DS193/3/Add. 4 de 17 de diciembre de 2007. Respecto de los procedimientos ante la Sala Especial del TIDM, *vid.* las cuatro Órdenes del Tribunal, mediante las cuales se han suspendido los procedimientos llevados ante él en más de una ocasión (publicadas en http://www.itlos.org/start2_en.html). En la última Orden, de 11 de diciembre de 2008, los procedimientos fueron suspendidos hasta enero de 2010, con vistas a la conclusión del acuerdo final entre las partes durante 2009. De hecho, en julio de 2008 la Comisión Europea inició una serie de reuniones con el representante del Gobierno de Chile para comenzar la elaboración de un acuerdo definitivo. *Vid.* http://trade.ec.europa.eu/doclib/docs/2007/may/tradoc_134652.pdf.

Cinco son los principales aspectos de interés que esta controversia suscita a nuestros efectos. El primero alude a la entrada en escena de dos regímenes jurídicos internacionales distintos (sobre el comercio y la pesca) y un ordenamiento jurídico nacional (Chile). El segundo aspecto de interés viene representado por las diferentes partes en la disputa: varios Estados (en particular Chile y España) y una entidad supranacional (la Comunidad Europea). El tercer elemento se refiere a los dos recurrentes: la Comunidad Europea en el marco de la OMC, por una parte, y Chile ante el TIDM, por la otra. El cuarto punto a destacar se refiere a los intereses en juego en la disputa: la producción o el interés comercial en la libre circulación de mercancías, por un lado, y el interés en la protección de las especies vivas, por otro. El quinto y último elemento de esta controversia alude a los árbitros elegidos: la Comunidad Europea, en su deseo de proteger el libre movimiento de mercancías, solicitó la creación de un Jurado de la OMC, mientras que Chile, que pretendía la salvaguardia de las especies vivas, solicitó por su parte la formación de una Sala Especial del TIDM.

II. EL ASUNTO *VLORA*

El asunto *Vlora* venía referido a una disputa sobre la construcción de una planta de energía termoeléctrica en el Golfo de Vlora, en la costa albanesa. La construcción de la central (cuya capacidad de producción habría de multiplicarse por tres en una fecha posterior) había sido financiada por la Asociación Internacional de Fomento (AIF)[65], el Banco Europeo para la Reconstrucción y el Desarrollo (BERD), y por el Banco Europeo de Inversiones (BEI).

El 27 de abril de 2005, un grupo de residentes de la ciudad albanesa que se oponían a la construcción de la central, la Alianza para

---

[65] Esta organización forma parte del sistema del Banco Mundial.

la Protección del Golfo de Vlora[66], presentó una denuncia ante el Comité de Cumplimiento de la Comisión Económica de Naciones Unidas para Europa (CENUE), en el marco de la Convención de Aahrus[67], por la que pretendía la declaración de que la Administración albanesa había violado diversas previsiones de la Convención –específicamente, los artículos 3(2), 6(2) y 7– en el procedimiento en el que se había resuelto construir la planta de energía termoeléctrica[68]. El artículo 3(2) establece que «cada parte deberá garantizar que los funcionarios y autoridades asistan y orienten al público en la búsqueda de acceso a la información, faciliten la participación en la toma de decisiones y en la búsqueda de acceso a la justicia en temas medioambientales». El artículo 6(2) dispone que «el público interesado deberá ser informado, bien por notificación pública o individual, según proceda, en el momento inicial del procedimiento de toma de decisiones en materia medioambiental, de un modo apropiado, oportuno y eficaz, *inter alia*, de: a) la actividad propuesta y la solicitud sobre la que se tomará la decisión…»; mientras que el artículo 7 obliga a cada parte a «adoptar las disposiciones prácticas o de otro tipo para que el público participe durante la preparación de planes y programas relativos al medio ambiente, dentro de un marco transparente y equitativo, tras haber proporcionado al público la información necesaria».

El 26 de marzo de 2007, el Comité de Cumplimiento presentó su propuesta de decisión (el denominado «borrador de conclusiones y recomendaciones») a la Reunión de las Partes (RdP)[69]. Durante su encuentro del 13 al 15 de junio del mismo año, la RdP confirmó

---

[66] Este grupo cambiaría su nombre en varias ocasiones durante el curso de la disputa. Actualmente se denomina «Alianza Cívica para la Protección de la Bahía de Vlora».

[67] *Vid.* http://www.unece.org/env/pp/.

[68] El texto de la comunicación se encuentra disponible en www.unece.org/env/pp/compliance /C2005-12/Communication/communication.pdf.

[69] El texto del borrador puede consultarse en www.unece.org/env/pp/compliance/ C2005-12/ Draft%20findings%20ALB%20v%202007.03.26.pdf.

que Albania había violado las obligaciones impuestas por la Convención[70]. En un «addendum» de marzo de 2008, el Comité de Cumplimiento reconoció que Albania había adoptado un conjunto de medidas para cumplir sus obligaciones derivadas del Convenio, e hizo una nueva serie de recomendaciones[71].

Insatisfecha la Alianza con el resultado alcanzado en ese foro, y en paralelo al procedimiento abierto ante el Comité de Cumplimiento, decidió presentar sus alegaciones ante el Panel de Inspección del Banco Mundial, a fin de establecer si la evaluación de impacto ambiental relativa a la construcción de la central termoeléctrica se había realizado de conformidad con la legislación albanesa, el Derecho Comunitario y las normas del Banco Mundial[72]. La reclamación no especificaba con precisión qué normas internacionales se entendían infringidas, limitándose a contener una referencia genérica a las «Políticas Operativas de Evaluación Medioambiental» del Banco, a las «Definiciones» contenidas en tales Políticas, y a la «Política

---

[70] La decisión puede encontrarse en: www.unece.org/env/documents/2007/pp/ECE_MP.PP_ C_1_2007_4_Add_1.pdf.

[71] El punto 8 del Informe establece lo siguiente: «El Comité recomienda a la Reunión de las Partes, de conformidad con el apartado 35 del anexo de la decisión I / 7, y teniendo en cuenta la causa y el grado de incumplimiento, así como las medidas adoptadas por la Parte en cuestión en el período entre sesiones: (a) Aprobar las conclusiones iniciales y las recomendaciones del Comité tal y como fueron adoptadas en su decimosexta reunión; (b) Acoger los progresos realizados por la Parte interesada en la aplicación de las recomendaciones del Comité desde su aprobación en junio de 2007; (c) Invitar al Gobierno de Albania a presentar periódicamente al Comité (en noviembre de 2008, noviembre 2009 y noviembre de 2010) información sobre los progresos en la aplicación de las recomendaciones del Comité; (d) Pedir a la secretaría, e invitar a organizaciones internacionales y regionales relevantes y a instituciones financieras, a que proporcionen asesoramiento y asistencia a la Parte en cuestión cuando sea necesario en la aplicación de estas medidas; (e) Comprometerse a revisar la situación en su cuarta reunión» (Disponible en lengua original –inglés– en www.unece.org/env/documents/2008/pp/mop3/ece_mp_pp_ 2008_5_add_1_e.pdf).

[72] *Vid.* http://siteresources.worldbank.org/EXTINSPECTIONPANEL/Resources/Request_for_ Inspe ction. pdf.

del Banco sobre Divulgación de Información»[73] (se trata de disposiciones que regulan el procedimiento que ha de seguirse para la realización de evaluaciones de impacto ambiental, y los derechos del público a la participación y a la información en el marco de tales evaluaciones).

En su informe de 2 de junio de 2007, el Panel de Inspección del Banco Mundial consideró que había de admitirse a trámite la reclamación de la Alianza, puesto que cumplía los requisitos necesarios, y recomendó al Directorio Ejecutivo que investigara las alegaciones realizadas por los denunciantes[74].

Con independencia del resultado final de este asunto, interesa destacar que de nuevo son cinco las características principales que suscita la controversia. En primer lugar, en ella confluyen dos regímenes jurídicos de carácter global –el relativo al medio ambiente (la Convención de Aarhus) y el del Banco Mundial– y el ordenamiento jurídico nacional albanés. En segundo término, las partes en conflicto son una organización no gubernamental, un Gobierno nacional (Albania) y cuatro organizaciones supranacionales o globales del sector económico-financiero. En tercer lugar, sólo hay un reclamante: la Alianza para la Protección del Golfo de Vlora. La cuarta característica es la yuxtaposición entre un interés de carácter «productivo» (la producción de electricidad) y otro de naturaleza «protectora» (la protección del medio ambiente). Por último, el reclamante lleva la disputa a dos órganos cuasi-judiciales extra-estatales diferentes, investidos de características análogas a los tribunales, en la medida en que, por ejemplo, resuelven conflictos, actúan

---

[73] Estos documentos se encuentran disponibles en http://wbln0018.worldbank.org/institutional /manuals/opmanual.nsf/textonly.

[74] El informe del Jurado se encuentra disponible en http://siteresources.worldbank.org/EXTINSPECTIONPANEL/Resources/AlbaniaEligibReportFINAL.pdf. Los representantes del Jurado iniciaron la investigación en enero de 2008.

de conformidad con procedimientos previamente establecidos que se hallan presididos por el principio contradictorio, y disfrutan de un cierto grado de independencia.

Los dos asuntos aquí examinados ofrecen además varios elementos de interés común. En primer lugar, ambos se refieren a problemas locales con implicaciones globales, habida cuenta de que ciertos regímenes extra-estatales resultan aplicables a actuaciones nacionales. Regímenes éstos que, a su vez, entran en conflicto entre sí (en el primer caso, normas comerciales «contra» las de protección del mar; en el segundo, la normativa financiera del Banco Mundial «contra» la legislación de la protección medioambiental).

Un segundo elemento común consiste en la confluencia y colisión de ordenamientos jurídicos distintos situados a niveles diferentes. En ambos casos los recurrentes pretendieron aprovechar en su favor esa fragmentación o naturaleza sectorial de los distintos ordenamientos jurídicos estatales y extra-estatales, apelando a aquéllos que otorgaban mejor protección a sus intereses respectivos.

El tercer elemento común es la naturaleza cuasi-judicial de los órganos a los que las partes en conflicto recurren en la búsqueda de una solución: el Panel de la OMC, la Sala Especial del TIDM, el Comité de Cumplimiento del sistema normativo establecido por la Convención de Aahrus, y el Panel de Inspección del Banco Mundial. Estas disputas extra-estatales, por lo tanto, no se resuelven mediante un conflicto armado o una intervención diplomática, sino a través de hombres togados –los miembros de los órganos judiciales–. En resumen, se ha producido una vuelta hacia la «rama menos peligrosa» del poder público (por usar la terminología de Alexander Hamilton en *El Federalista, núm. 78*)[75]: en la resolución de las controversias

---

[75] Hamilton sostuvo que «cualquiera que considere con atención los diferentes apartados del poder debe percibir que en un Gobierno en el cual tales poderes estén separados

analizadas, ni las autoridades legislativas ni las ejecutivas se vieron involucradas.

El cuarto elemento común se refiere a la naturaleza sectorial de los órganos extra-estatales a los que las partes acudieron en búsqueda de una solución a sus controversias. Ambos asuntos fueron llevados ante más de un juez al mismo tiempo, precisamente porque ningún cuerpo internacional ostentaba en exclusiva una competencia de alcance tan general que garantizase la protección de todos los intereses implicados[76].

---

entre sí, el poder judicial, por la naturaleza de sus funciones, siempre será el menos peligroso para los derechos políticos de la Constitución, ya que será el que ostente menor capacidad para perjudicarlos. El Ejecutivo no sólo dispensa los honores, sino que sostiene la espada de la comunidad. El legislador no sólo controla la bolsa, sino que prescribe las reglas que rigen los deberes y derechos de cada ciudadano. Por el contrario, el poder judicial no tiene influencia sobre la espada ni sobre la bolsa; no dirige la fuerza ni la riqueza de la sociedad; y no puede tomar decisiones activas cuando quiera. Podría decirse con acierto que no tiene FUERZA ni VOLUNTAD, sino mero juicio; y debe en última instancia depender de la ayuda del brazo ejecutivo incluso para la eficacia de sus sentencias». THE FEDERALIST núm. 78 (Alexander Hamilton, 1788). Este texto ha inspirado numerosos trabajos de Derecho Constitucional de Estados Unidos; por ejemplo, A. BICKEL, *The Least dangerous Branch* (1986).

[76] En este sentido debe entenderse la afirmación de Tullio Treves en el contexto del asunto *Swordfish*, según la cual «...ninguno de los dos mecanismos disponibles de solución de conflictos podría cubrir la totalidad de la 'controversia real'». *Vid.* TREVES, *supra*, nota 55, p. 862.

CAPÍTULO CUARTO

EL ORDENAMIENTO JURÍDICO
DE CONSTRUCCIÓN JUDICIAL

ÍNDICE

I. EL «DIÁLOGO JUDICIAL»

Como ya notábamos, los ordenamientos jurídicos nacionales y globales en ocasiones convergen, aunque, con mayor frecuencia, resultan divergentes y los conflictos que surgen desembocan en órganos de resolución de naturaleza judicial. Por ello, resulta oportuno preguntarnos acerca del modo en que tales órganos resuelven los conflictos de que conocen. ¿Se ocupan únicamente del caso específico que se les plantea, o bien, conscientes de la ausencia de un «hilo conductor» que armonice el universo atomizado de normas, tratan asimismo de establecer reglas generales para la coexistencia entre los distintos ordenamientos jurídicos?

El aspecto central de esta cuestión reside, como ya se ha anticipado, en la variedad de métodos empleados por los jueces para regular las relaciones entre ordenamientos jurídicos diferentes. Este problema no afecta a las relaciones que se producen exclusivamente entre los diversos Derechos nacionales, tema éste que ya ha sido objeto de numerosos estudios[77]. Aquí nos ocupamos, por el contrario, de las relaciones verticales entre los sistemas nacionales y los ordenamientos supranacionales y globales, de un lado, y de las relaciones horizontales que mantienen los distintos sistemas globales

---

[77] *Vid.*, por ejemplo, el trabajo de Anne-Marie Slaughter, quien ha analizado la regulación desarrollada por los tribunales nacionales (ANNE-MARIE SLAUGHTER, «A Global Community of Courts», 44 HARV. INT'L L.J. 191 (2003)); o el trabajo de Julie Allard y Antoine Garapon, quienes han destacado la emergencia de una «sociedad de tribunales» y de jueces con carácter de tenientes y de embajadores (JULIE ALLARD & ANTOINE GARAPON, *La mondializzazione del giudici. Nuova rivoluzione del Diritto* (2006), p. 5).

entre sí, de otro. El examen escalonado de cada una de estas relaciones nos permitirá extraer conclusiones más generales y de mayor interés para el futuro.

Un estudio de esta naturaleza nos desvela otras cuestiones. Primera, el grado de desarrollo que ha alcanzado el proceso de «desnacionalización del Derecho» (esto es, el «movimiento» del Derecho más allá de las fronteras del Estado). Segunda, los métodos –no los resultados– de que se sirven los jueces para adoptar decisiones, convertidos en instancias definitivas para resolver los problemas y construir «puentes» entre los distintos niveles y sistemas. Tercera, la interacción que se produce entre la fragmentación de los sistemas regulatorios globales y la proliferación de tribunales. Y, cuarta, las condiciones para determinar si se está formando un «Derecho global general»[78].

Como ya se ha observado, no es nuestro propósito definir los principios generales del Derecho que hayan reconocido los tribunales en la resolución de los casos ente ellos planteados, sino más bien analizar las modalidades de elaboración y aplicación de los diferentes métodos que sean susceptibles de una aplicación más general y se utilicen para resolver los conflictos entre ordenamientos jurídicos. Lo que nos proponemos es, por lo tanto, encontrar reglas de coexis-

---

[78] Por no mencionar que ello nos permitiría también determinar si la teoría de Santi Romano, expuesta en la segunda parte de su obra *L'ordinamento giuridico*, se ha materializado en la práctica.

Los principales estudios sobre el problema de las relaciones entre ordenamientos jurídicos y el papel de los Tribunales en ellas son los siguientes: SANTI ROMANO, *L'ordinamento giuridico* (2ª edición, 1977), pp. 85 y ss., los dos trabajos ya mencionados de Y. SHANY, *The Competing Jurisdictions of International Courts and Tribunals y Regulating Jurisdictional Relations between National and International Courts*, *supra* nota 9; J. S. MARTINEZ, «Towards an International Judicial System», 56 *Stanford Law Review* 429 (2003); T. TREVES, *supra* nota 55; y F. FONTANELLI & G. MARTINICO, «Alla ricerca della coerenza: le tecniche del 'dialogo nascosto' fra i giudici nell'ordinamento costituzionale multi-livello», *Rivista Trimestrale di Diritto Pubblico*, 351 (2008).

tencia, «puentes» o nexos entre tales ordenamientos, que hayan sido creados y aplicados por los jueces. Queda fuera de nuestra perspectiva el diálogo entre los propios tribunales en sí mismo considerado, puesto que lo que importa son los canales y los medios a través de los cuales los jueces establecen las conexiones necesarias entre los distintos ordenamientos. En otras palabras, aquí se examina la obra de los jueces en cuanto vínculo o «enlace» entre los distintos regímenes jurídicos, ante la falta de normas generales que disciplinen tales relaciones[79]. Por tanto, nos centramos en las normas que tienen por objeto establecer la interacción entre tantos ordenamientos jurídicos, tal como han sido identificadas por los propios jueces o tribunales de esos mismos ordenamientos.

Con carácter preliminar, conviene recordar brevemente el contexto en el que se sitúa el presente análisis. En primer término, ha de notarse que el problema deriva del hecho de que las relaciones entre los diversos ordenamientos que aquí consideramos no están presididas con carácter general por el principio de jerarquía, lo que obliga a los jueces a resolver los problemas de colisión sin contar con un cuerpo de reglas generales.

En segundo término, a ese problema se añade otro que guarda una íntima relación. Y es que el Ejecutivo, de ordinario responsable de los asuntos exteriores del Estado, presenta una notable e intrínseca debilidad en la resolución de numerosos problemas, que por otra parte exceden en mucho de la escala nacional. La pérdida de la «exclusividad» del Gobierno en la política exterior resulta evidente. Piénsese, por ejemplo, en la reciente creación de la Orden Europea de Detención y Entrega. Son los jueces o el legislador los que tienen el protagonismo para hacerla realidad, no el Ejecutivo. Los Gobiernos y los Parlamentos no se hallan presentes en el plano global, mientras que sí existen múltiples órganos cuasi-judiciales de

---

[79] Sobre esta cuestión, *vid.* S. CASSESE, *supra* nota 2, pp. 609-626.

carácter extra-estatal[80]. Los Gobiernos nacionales, por otra parte, no pueden intervenir en las relaciones horizontales que se dan entre regímenes jurídicos internacionales.

Algunos autores han hablado de «diálogo» o «conversación» judicial para referirse a esta labor constructiva que realizan los tribunales. Sin embargo, esas expresiones pueden resultar equívocas, puesto que en realidad los jueces no cooperan para resolver los casos que se les plantean. Es cierto, desde luego, que existen numerosos contactos de carácter informal, pero ello no forma parte de la actividad judicial ordinaria, dado que los tribunales no pueden iniciar procesos *ex officio*. Su función, en ese sentido, es «pasiva»[81]. Los procesos que regulan y limitan su actividad, en fin, no resultan de aplicación general.

A los efectos del presente análisis, se han seleccionado cinco grupos o clases de casos.

El primero se ocupa de las relaciones entre diversos ordenamientos jurídicos en su dimensión vertical (entre el ordenamiento jurídico comunitario y los de sus Estados miembros, en particular), e incluye el asunto *Simmenthal* planteado ante el Tribunal de Justicia de la Unión Europea[82], la Declaración 1/2004 del Tribunal Constitucional español[83] y la Sentencia K 18/04 del Tribunal Constitucional polaco[84].

---

[80] Podría aducirse que las secretarías de las organizaciones internacionales constituyen formas de poder ejecutivo extra-estatal. Cabe señalar, sin embargo, que tales órganos son en realidad normalmente meros cuerpos de apoyo; sólo en contadas ocasiones se trata de Gobiernos o ejecutivos en sentido genuino.

[81] Y ello incluso si, a través de sus decisiones, «gobiernan» la demanda de justicia, aceptando o rechazando las solicitudes de intervención.

[82] TJUE, *Simmenthal v. Italia*, asunto C-106/77 (28 de junio de 1978).

[83] Declaración del Pleno del Tribunal Constitucional 1/2004, de 13 de diciembre de 2004. Requerimiento 6603-2004. Formulado por el Gobierno de la Nación, acerca de la constitucionalidad de los artículos I-6, II-111 y II-112 del Tratado por el que se establece una Constitución para Europa, firmado en Roma el 29 de octubre de 2004.

[84] Sentencia K 18/04 (11 de mayo de 2004).

El segundo grupo, que incluye el caso *Handyside* planteado ante el Tribunal Europeo de Derechos Humanos[85] y las Sentencias núm. 348 y 349/2007 del Tribunal Constitucional italiano[86], afecta también a las relaciones verticales entre ordenamientos, pero en esta ocasión entre el Derecho del Consejo de Europa y el de los Estados.

El tercer tipo de casos tiene por objeto la interacción entre dos ordenamientos jurídicos supranacionales: el comunitario y el del Consejo de Europa, y para su ejemplificación se trae el asunto *Bosphorus* del Tribunal Europeo de Derechos Humanos[87].

El cuarto grupo se refiere a la relación entre ordenamientos jurídicos globales y supranacionales (estos últimos representados por el Derecho Comunitario). Se han seleccionado la Decisión del Tribunal Arbitral, adoptada en virtud del artículo 287 de la Convención de las Naciones Unidas sobre el Derecho del Mar (CNUDM) en el asunto *Mox Plant*[88]; la decisión del Tribunal de Justicia de la Unión Europea, de 30 de marzo de 2006, en el asunto C-495/03; y la Sentencia *Kadi* del mismo Tribunal[89].

Por último, el quinto grupo de casos, ejemplificado en el caso *Loewen* ante un Tribunal Arbitral del Convenio Internacional de Arreglo de Diferencias Relativas a Inversiones (CIADI),[90] afecta a las relaciones entre ordenamientos jurídicos supranacionales (NAFTA) y nacionales (los del Estado de Misisipi y de los Estados Unidos).

---

[85] TEDH, Caso *Handyside v. Reino Unido*, núm. 5493/1972 (7 de diciembre de 1976).

[86] Sentencias del Tribunal Constitucional italiano núm. 348 y 349/2007.

[87] TEDH, Caso *Bosphorus Hava Yollari Turizm Ve Ticaret Anonim Sirketi v. Irlanda*, núm. 45036/98 (30 de junio de 2005).

[88] Corte Arbitral Permanente (*ex* art. 287 CNUDM), Caso *Mox Plant. Irlanda v. Reino Unido* (24 de junio de 2003).

[89] TJUE (Gran Sala), *Kadi v. Consejo y Comisión y Yusuf y Al Barakaat International Foundation v. Consejo y Comisión*, asuntos C-402/05 P y C-415/05 P (3 de septiembre de 2008).

[90] CIADI, *Grupo Loewen et. al. v. Estados Unidos de América*. Caso N. ARB(AF)/98/3 (26 de junio de 2003).

II. LA SENTENCIA *SIMMENTHAL* DEL TRIBUNAL DE JUSTICIA DE LA UNIÓN EUROPEA: LA PRIMACÍA DEL DERECHO COMUNITARIO SOBRE EL NACIONAL

La Sentencia del TJUE en el asunto *Simmenthal* es bien conocida[91]. A través de ella se consagró el principio general de *primacía* del Derecho Comunitario. Tal principio no implica la *invalidez* de las normas nacionales que resulten incompatibles con el Derecho Comunitario, sino su *inaplicación*, aun cuando su aprobación hubiese sido posterior a la de la norma europea en cuestión[92].

Los pasajes más importantes de la Sentencia son aquéllos en que el Tribunal formula una serie de reglas acerca de la relación entre el Derecho Comunitario y los ordenamientos nacionales de los Estados miembros (párrafo 13 en adelante). El Tribunal razonó del siguiente modo: en primer lugar, la noción de «aplicabilidad directa» de las normas comunitarias en el ámbito del Derecho interno de los Estados miembros significa que aquéllas han de tener «pleno efecto». El Tribunal no aludió a la validez de las normas, sino a su «efectividad», sobre la base del principio de «conformidad» (párrafo 14).

---

[91] Existe una vasta literatura sobre el asunto *Simmenthal. Vid.*, en particular, M. BERRI, «Brevi riflessioni sulla 'lezione' della Corte comunitaria», *I Giurisprudenza Italiana* 1153 (1978); FRANCESCO D. RICCIOLI, «Preoccupanti contrasti tra Corte comunitaria e Corte Costituzionale», *IV Il Foro Italiano* 204 (1978); NICOLA CATALANO, «I mezzi per assicurare la prevalenza dell'ordinamento comunitario sull'ordinamento interno», *I Giustizia Civile* 816 (1978); P. BARILE, «Un impatto tra il diritto comunitario e la Costituzione italiana», *I Giurisprudenza Costituzionale*, 641 (1978); LUIGI CONDORELLI, «Il caso Simmenthal e il primato del diritto comunitario: due corti a confronto», *I Giurisprudenza Costituzionale* 669 (1978); SERGIO M. CARBONE & FEDERICO SORRENTINO, «Corte di giustizia o corte federale delle Comunità europee?», *I Giurisprudenza Costituzionale* 654 (1978); y GIUSEPPE SPERDUTI, «La prevalenza, in caso di conflitto, della normativa comunitaria sulla legislazione nazionale», *Rivista Trimestrale di Diritto Pubblico* 3 (1979).

[92] Debe señalarse que esta «no aplicabilidad» es diferente de la «inaplicación», que alude sólo a los actos administrativos.

En segundo lugar, el Tribunal subrayó que la «plena efectividad» de las normas comunitarias sólo se puede alcanzar si se garantiza la uniformidad de su aplicación en todos los Estados miembros desde el momento de su entrada en vigor (párrafo 14).

En tercer término, las normas comunitarias constituyen una fuente directa de derechos y obligaciones para todos aquellos sujetos afectados por ellas (incluidos los Estados miembros, los individuos y los jueces) (párrafos 15 y 16).

En cuarto lugar, en virtud del principio de la primacía del Derecho Comunitario, la relación entre el Tratado de la Comunidad Europea y las medidas directamente aplicables de las instituciones comunitarias, por un lado, y la normativa nacional de los Estados miembros, por otro, es de tal naturaleza que el Derecho Comunitario no sólo determina la inaplicabilidad automática o *ipso iure* de toda norma o acto nacional vigente que le sea contrario, sino que también impide la adopción de nuevas medidas legislativas nacionales que resulten incompatibles.

En quinto lugar, si se admitiera que la norma interna invasiva de la esfera reservada al Derecho Comunitario posee algún efecto jurídico, se estaría negando la efectividad de las obligaciones asumidas por los Estados miembros en términos incondicionales e irrevocables y, por consiguiente, se pondría en cuestión el mismo fundamento del ordenamiento jurídico comunitario. Es en este sentido en el que debe interpretarse, por ejemplo, el antiguo artículo 234 del TCE, en que se regula la cuestión prejudicial[93]. En efecto, el

---

[93] El artículo 234 del Tratado CE establece lo siguiente: «El Tribunal de Justicia será competente para pronunciarse, con carácter prejudicial: (a) Sobre la interpretación del presente Tratado; (b) Sobre la validez e interpretación de los actos adoptados por las instituciones de la Comunidad y por el BCE; (c) Sobre la interpretación de los estatutos de los organismos creados por un acto del Consejo, cuando dichos estatutos así lo prevean. Cuando se plantee una cuestión de esta naturaleza ante un órgano jurisdiccional de uno

hecho de que se haya previsto la posibilidad de que los jueces nacionales planteen una cuestión prejudicial ante el Tribunal de Justicia de la Unión, en caso de incompatibilidad entre las normas internas y las comunitarias, para que sea el órgano judicial europeo el que verifique la «convencionalidad»[94] de la norma nacional en cuestión, entraña de por sí el reconocimiento de la especial naturaleza y superioridad del Derecho Comunitario.

Conviene señalar, por lo demás, que en esta Sentencia (en particular, en sus párrafos 20 a 24) el Tribunal aclara la doctrina del *efecto directo* y de la *aplicabilidad* de la legislación comunitaria, sin hacer mención en momento alguno a la *validez* de las normas «inferiores» en conflicto[95].

---

de los Estados miembros, dicho órgano podrá pedir al Tribunal de Justicia que se pronuncie sobre la misma, si estima necesaria una decisión al respecto para poder emitir su fallo. Cuando se plantee una cuestión de este tipo en un asunto pendiente ante un órgano jurisdiccional nacional, cuyas decisiones no sean susceptibles de ulterior recurso judicial de Derecho interno, dicho órgano estará obligado a someter la cuestión al Tribunal de Justicia». [NdT: En la actualidad, tras la entrada en vigor del Tratado de Lisboa, la cuestión prejudicial se recoge en el art. 267 del Tratado de Funcionamiento de la Unión Europea].

[94] El «principio de convencionalidad» procede de la doctrina jurídica francesa, y alude a la constitucionalidad de las normas domésticas respecto de los Tratados europeos.

[95] Estos párrafos de la Sentencia establecen lo siguiente: «20. Que el efecto útil de esta disposición disminuiría si se impidiera al juez el dar, inmediatamente, al Derecho Comunitario una aplicación conforme con la decisión o la jurisprudencia del Tribunal; 21. Que se deduce del conjunto de lo que precede que todo juez nacional, ante el que se recurre en el marco de su competencia, tiene la obligación de aplicar íntegramente el Derecho Comunitario y de proteger los derechos que éste confiere a los particulares, dejando sin aplicación toda disposición eventualmente contraria de la ley nacional, ya sea ésta anterior o posterior a la norma comunitaria; 22. Que sería incompatible con las exigencias inherentes a la naturaleza misma del Derecho Comunitario toda disposición de un ordenamiento jurídico nacional o toda práctica –legislativa, administrativa o judicial–, que tuviera por efecto el disminuir la eficacia del Derecho Comunitario por el hecho de rehusar al juez competente para aplicar este Derecho, el poder de hacer, en el momento mismo de esta aplicación, todo lo que sea necesario para obviar las disposiciones legislativas nacionales que eventualmente obstaculicen la plena eficacia de las normas comunitarias; 23. Que tal sería el caso si, en la hipótesis de que una ley nacional posterior fuera contraria a una disposición del Derecho Comunitario, la solución de este conflicto fuera reservada a una autoridad distinta del juez

III. LA DECLARACIÓN 1/2004 DEL TRIBUNAL CONSTITUCIONAL ESPAÑOL: LA DIFERENCIA ENTRE SUPREMACÍA Y PRIMACÍA

En 2004, el Tribunal Constitucional español[96] fue requerido para pronunciarse acerca de la ratificación del Tratado por el que se establecía una Constitución para Europa[97], esto es, para determinar si existía o no contradicción entre la Constitución española y las estipulaciones del Tratado. En efecto, de acuerdo con lo dispuesto por el art. 95(2) de la Constitución española, el Gobierno o una de las dos Cámaras Legislativas pueden requerir del Tribunal Constitucional una declaración acerca de si existe o no contradicción entre una cláusula de un Tratado internacional y la Constitución[98]. Por su parte, el artículo 93 de la Constitución dispone que podrá concederse una autorización, por medio de una Ley Orgánica, para la conclusión de Tratados que atribuyan a una institución u organización internacional el ejercicio de competencias derivadas de la

---

llamado a asegurar la aplicación del Derecho Comunitario, investida de un poder de apreciación propio, incluso si el obstáculo que así resulta para la plena eficacia de este Derecho no fuera sino temporal; 24. Que hay, pues, que responder a la primera cuestión que el juez nacional encargado de aplicar, en el marco de su competencia, las disposiciones del Derecho Comunitario, tiene la obligación de asegurar el pleno efecto de estas normas dejando inaplicada si fuere necesario, en virtud de su propia autoridad, toda disposición contraria de la legislación nacional, incluso posterior, sin que para ello tenga que pedir o esperar su previa eliminación por vía legislativa o por cualquier otro procedimiento constitucional».

[96] Un análisis de este caso se encuentra recogido en FONTANELLI Y MARTINICO, *supra* nota 78.

[97] El primer proyecto para establecer una Constitución Europea se encontraba en un Tratado firmado en Roma en 2004 (Tratado por el que se establece una Constitución para Europa, Bruselas, 13 de octubre de 2004). El posterior Tratado de Lisboa de 13 de diciembre de 2007 introdujo varias reformas en el texto, entre ellas la eliminación de toda referencia a la naturaleza constitucional del Tratado.

[98] El artículo 95 de la Constitución española prevé: «1. La celebración de un tratado internacional que contenga estipulaciones contrarias a la Constitución exigirá la previa revisión constitucional. 2. El Gobierno o cualquiera de las Cámaras puede requerir al Tribunal Constitucional para que declare si existe o no esa contradicción».

Constitución; y el mismo precepto precisa que es responsabilidad del Parlamento o del Gobierno, dependiendo del caso concreto, garantizar el cumplimiento de tales Tratados y de las resoluciones emanadas por la organización internacional o supranacional a la que las competencias hayan sido conferidas[99].

De este modo, sobre la base del artículo 95(2) de la Constitución española, y con la finalidad de cumplir las responsabilidades derivadas del artículo 93, el Gobierno español requirió del Tribunal Constitucional que examinase si existía alguna contradicción entre las previsiones de la Constitución y las del Tratado europeo (en particular, con el artículo I-6 de este último)[100].

La Declaración 1/2004 del Tribunal Constitucional constituía –como el propio Tribunal señaló– una decisión de «defensa jurisdiccional preventiva o anticipada de la Constitución» o, en otras palabras, una sentencia preliminar de naturaleza precautoria[101]. Fue, en definitiva, una decisión «abstracta», en cuanto se refería a normas que no estaban aún en vigor.

El Tribunal articuló su razonamiento en torno a cuatro puntos. En primer lugar, señaló que el Derecho Comunitario ha de afir-

---

[99] El texto del artículo 93 establece: «Mediante ley orgánica se podrá autorizar la celebración de tratados por los que se atribuya a una organización o institución internacional el ejercicio de competencias derivadas de la Constitución. Corresponde a las Cortes Generales o al Gobierno, según los casos, la garantía del cumplimiento de estos tratados y de las resoluciones emanadas de los organismos internacionales o supranacionales titulares de la cesión».

[100] El artículo I-6 establece que «La Constitución y el Derecho adoptado por las instituciones de la Unión en el ejercicio de las competencias que se atribuyen a ésta primarán sobre el Derecho de los Estados miembros». Los otros artículos del Tratado afectados fueron el II-111 y II-112, relativos a los derechos fundamentales.

[101] Al respecto, *vid.* el punto 1 del párrafo 2 de la Declaración: «...Se si prefiere, al cometido jurisdiccional propio de este Tribunal se le añade, en virtud de su ejercicio preventivo, una dimensión cautelar al servicio de la salvaguardia de la responsabilidad internacional del Estado...»

mar su propia primacía, y que tal afirmación de su superioridad se presenta como una «exigencia existencial». En otros términos, la misma existencia del Derecho Comunitario depende del reconocimiento de su primacía.

En segundo término, el Tribunal observó que el Derecho Comunitario ha garantizado igualmente el principio del respeto de las identidades nacionales y de los ordenamientos de los Estados miembros, preservando la existencia de los Derechos nacionales y sus valores, principios y derechos fundamentales[102].

En tercer lugar, el Tribunal quiso destacar que el Derecho Comunitario no tiene naturaleza general y omnicomprensiva. Se aplica solamente en las esferas de las competencias de la Unión, transferidas por los Estados en el ejercicio de su soberanía en virtud del principio de «competencias de atribución»[103].

Por último, el Tribunal declaró que no existía contradicción entre la *primacía* del Derecho Comunitario y la *supremacía* de la Constitución. Y ello porque el Derecho Comunitario no resulta de aplicación en todos los ámbitos, y se aplica además sin perjuicio de los principios constitucionales, que han de considerarse prevalentes. El Tribunal Constitucional español, en su razonamiento, distinguió entre el sistema interno de fuentes (cuya estructura jerárquica impone la supremacía de la Constitución en caso de conflicto), y el sistema normativo europeo, que ha de considerarse prevalente sobre el ordenamiento nacional sin suplantar a la Constitución, cuyos principios debe respetar. Este razonamiento se basa en la distinción

---

[102] *Vid.* los artículos I-2 y I-5 del Tratado por el que se establece una Constitución para Europa.

[103] Este principio encuentra su base en la antigua doctrina alemana de la «auto-limitación» del Estado en materia de derechos fundamentales. De acuerdo con esta doctrina, la garantía de los derechos fundamentales derivaría de un acto de auto-limitación del Estado, y no del reconocimiento directo de tales derechos a los ciudadanos.

conceptual entre supremacía entendida como una regla del ordenamiento interno, de un lado, y la primacía, que se aplica en el sistema comunitario, de otro[104].

IV. LA SENTENCIA K 18/04 DEL TRIBUNAL CONSTITUCIONAL POLACO Y LA JURISPRUDENCIA CONSTITUCIONAL ITALIANA: LA DOCTRINA DE LOS «CONTRA-LÍMITES»

La Sentencia K 18/04 del Tribunal Constitucional polaco se ocupó de la adhesión de Polonia a la Unión Europea[105]. Tres grupos

---

[104] De hecho, en el párrafo 4 de su Declaración, el Tribunal afirmaría que «La supremacía se sustenta en el carácter jerárquico superior de una norma y, por ello, es fuente de validez de las que le están infraordenadas, con la consecuencia, pues, de la invalidez de éstas si contravienen lo dispuesto imperativamente en aquélla. La primacía, en cambio, no se sustenta necesariamente en la jerarquía, sino en la distinción entre ámbitos de aplicación de diferentes normas, en principio válidas, de las cuales, sin embargo, una o unas de ellas tienen capacidad de desplazar a otras en virtud de su aplicación preferente o prevalente debida a diferentes razones. Toda supremacía implica, en principio, primacía (de ahí su utilización en ocasiones equivalente, así en nuestra Declaración 1/1992, FJ 1), salvo que la misma norma suprema haya previsto, en algún ámbito, su propio desplazamiento o inaplicación. La supremacía de la Constitución es, pues, compatible con regímenes de aplicación que otorguen preferencia aplicativa a normas de otro Ordenamiento diferente del nacional siempre que la propia Constitución lo haya así dispuesto, que es lo que ocurre exactamente con la previsión contenida en su art. 93». *Vid.* ANGELO SCHILLACI, *Il tribunale costituzionale spagnolo e la Costituzione europea*, disponible en www.associazionedeicostituzionalisti. it/cronache/estero/spagna_europa/; FRANCESCO DURANTI, *Il tribunal constitucional e la nuova Costituzione europea*, 2005, disponible en www.forumcostituzionale.it/site/ index3.p hp?option=content&task=view&id=134; ARACELI MANGAS MARTÍN, «La Constitución y la Ley ante el Derecho Comunitario. Comentario a la sentencia del Tribunal Constitucional español 28/1991 de 14 de febrero», 18 *Revista de Instituciones Europeas* 587 (1991).

[105] Acerca de estos casos y de la doctrina de los «contra-límites» en general, *vid.* ALFONSO CELOTTO & TANIA GROPPI, «Diritto UE e diritto nazionale: primauté vs controlimiti», *Rivista Italiana di Diritto Pubblico Comunitario* 1309 (2004); ANNELI ALBI, «Supremacy of EC Law in the New Member States: Bringing Parliaments into the Equation of 'Co-operative Constitutionalism'», 3 *European Constitutional Law Review* 25 (2007);

parlamentarios de la Cámara Baja del Parlamento polaco (el *Sejm*) solicitaron al Tribunal Constitucional que se pronunciase acerca de la conformidad del Tratado de Adhesión de la República de Polonia a la Unión, así como sobre ciertas previsiones de los Tratados de la Comunidad Europea (TCE) y de la Unión Europea (TUE), respecto de la Constitución polaca. La competencia del Tribunal para adoptar este tipo de decisiones se encuentra en el artículo 88 de la Constitución.

La cuestión a dilucidar por el Tribunal se refería a la relación entre el ordenamiento jurídico interno y el comunitario: si éste último es superior a aquél, las normas internas deben ajustarse al Derecho Comunitario. ¿Cómo resolver entonces el problema que surge cuando el Derecho Comunitario es incompatible con la Constitución? ¿Debe prevalecer el Derecho Comunitario o la Constitución nacional?

El Tribunal estructuró su razonamiento en torno a cinco puntos sucesivos. En primer lugar, afirmó que en los supuestos de conflicto irreconciliable entre el Derecho Comunitario y el Derecho Constitucional nacional, es éste último el que habrá de prevalecer (párrafo 1).

En segundo lugar, el Tribunal señaló que la Unión Europea sólo cuenta con competencias de atribución. Recordó, en este sentido, que el artículo 90(1) de la Constitución establece que Polonia puede, sobre la base de un acuerdo internacional, «delegar» competencias del Estado a instituciones internacionales en relación a ciertas materias[106].

GIUSEPPE MARTINICO, «Il dialogo fra le corti nell'arena del gattopardo: l'Europa fra novità costituzionale e nostalgie di comportamento», en *Giurisprudenza costituzionale e principi fondamentali. Alla ricerca del nucleo duro delle costituzioni* 891 (Sandro Staiano ed., 2005); GIUSEPPE MARTINICO, «The Dark Side of the Constitutional Dialogue», *Jean Monnet Working Paper* (19-20 de mayo de 2008).

[106] El uso del término «delegación», tanto en la previsión constitucional como en

Seguidamente, el Tribunal sostuvo que la Unión Europea no puede adoptar decisiones contrarias a la Constitución polaca, como se desprende implícitamente de los artículos 8(1) y 91(3) de esta última. El artículo 8(1) establece que la Constitución es la norma suprema del Estado, mientras que el artículo 91(3) dispone que las normas emanadas de las organizaciones internacionales podrán ser de aplicación directa y prevalecer sobre las normas nacionales, si así lo prevé un acuerdo internacional ratificado por Polonia.

Más adelante, el Tribunal subrayó que la Constitución polaca reconoce la necesidad de cooperación con todos los Estados miembros de la Unión Europea (párrafo 9), y que el Derecho Comunitario requiere la coexistencia entre los diversos ordenamientos jurídicos; esto es, que el ordenamiento superior reconoce a aquéllos que son inferiores respecto de él (párrafo 12).

Por último, el Tribunal concluyó afirmando que, en caso de conflicto entre una norma comunitaria y la Constitución polaca, es esta última la que ha de prevalecer, dado que sus disposiciones constituyen un umbral mínimo e indisponible (párrafo 14).

Por lo que hace a Italia, la *Corte Costituzionale* ha hecho uso de la denominada doctrina de los «contra-límites» («counter-limits» doctrine), a la que ya se ha hecho referencia en el primer capítulo, y en cuya virtud se opone un cuadro general de principios y derechos que se consideran indispensables frente a cualquier autoridad para preservar la propia identidad constitucional. La jurisprudencia constitucional italiana acogió esta posición en una serie de pronunciamientos que se refieren a la incompatibilidad entre las normas

---

la Sentencia, resulta inapropiado. No alude a una delegación en sentido técnico –que presupone una parte delegante (en este caso, el Estado) que retiene en última instancia la facultad de dirigir la actividad en cuestión–, sino más bien a una atribución de competencias.

comunitarias y la Constitución nacional, señaladamente en sus Sentencias núm. 183/1973 y 232/1989, y en la Orden núm. 454/2006.

En la primera de las Sentencias citadas, el Tribunal afirmó que debía rechazarse la idea de que tales limitaciones, definidas con precisión en el Tratado de Roma (y suscritas por Estados cuyos sistemas jurídicos se basan en los principios de Estado de Derecho y en la garantía de los derechos fundamentales de sus ciudadanos), pudieran, sin embargo, atribuirle a las instituciones de la Comunidad un poder inaceptable capaz de vulnerar los principios fundamentales de nuestro orden constitucional, o los derechos inalienables de la persona.

Por su parte, en su Sentencia de 1989 el Tribunal, tras reconocer que la protección de los derechos fundamentales constituye parte integrante del Derecho Comunitario, añadió que «ello, sin embargo, no significa que deba resultar disminuida la competencia de este Tribunal para dilucidar, mediante la evaluación de su constitucionalidad, si alguna disposición del Tratado, tal como es interpretada y aplicada por las instituciones y órganos comunitarios, resulta contraria a los principios fundamentales de nuestro orden constitucional o vulnera los derechos inalienables de la persona».

Finalmente, en la última de las resoluciones aludidas, el Tribunal estableció que «los jueces nacionales deben aplicar de manera plena e inmediata las normas comunitarias que gocen de efecto directo, y rehusar la aplicación, en todo o en parte, de cualquier norma interna que resulte incompatible con aquéllas, planteando cuando fuera necesario una cuestión prejudicial ante el Tribunal de Justicia de la Unión Europea sobre la base del artículo 234 del Tratado CE». Además, ante una norma interna que resulte incompatible con el Derecho Comunitario, el juez nacional puede, o bien declararla inaplicable o, en caso de duda, «remitir a este Tribunal Constitucional la cuestión de la compatibilidad con el Derecho Comunitario de la legislación interna que impida o condicione la observancia del sistema o de los principios básicos del Tratado, en aquellos supuestos en que no sea posible alcanzar una interpretación de conformidad y la inaplicación de la norma interna pueda desembocar en una violación –enjuiciable sólo por el Tribunal Constitucional– de los principios fundamentales del orden constitucional o de los derechos inalienables de la persona...».

Del análisis de los pronunciamientos del Tribunal de Justicia de la Unión y de los Tribunales Constitucionales español, polaco e italiano, se desprende una regulación «flexible» de las fronteras entre los diferentes ordenamientos jurídicos. De un lado, estos Tribunales proclaman, sobre la base del principio de primacía, el efecto directo del Derecho Comunitario, que afecta a la *eficacia* y no a la *validez* del ordenamiento interno; al tiempo que, de otro, declaran la *supremacía* de la Constitución (no en su integridad, sino en lo que se refiere a sus principios fundamentales). Tanto la doctrina de la primacía como la de los «contra-límites» entrañan el reconocimiento de una esfera competencial reservada al Estado. El reconocimiento de la preeminencia del Derecho Comunitario se encuentra limitado por dos factores: por el hecho de que se trata de un ordenamiento que no tiene alcance general, sino que se contrae a aquellas materias respecto de las que desde abajo le han sido atribuidas determinadas competencias, de un lado, y por el hecho de que se refiere a la efectividad de las normas internas en conflicto, y no a su validez.

Tanto los Tribunales Constitucionales nacionales como el Tribunal de Justicia de la Unión Europea han llegado a un mismo resultado. Partiendo de posiciones enfrentadas, se han encontrado en un punto intermedio. Se ha trazado así una suerte de frontera o límite que no es, sin embargo, definitivo, ya que depende de las competencias atribuidas por los Estados a las instituciones comunitarias y de los principios constitucionales de cada sistema nacional. En otras palabras, el Derecho Comunitario prevalece allí donde no existe vulneración de principios constitucionales básicos, mientras que las Constituciones prevalecen cuando su «umbral mínimo» no ha sido respetado. La línea divisoria no es, pues, inamovible y, en última instancia, depende de la materia concreta que pueda verse afectada por la norma interna y de la posible violación de principios nacionales básicos por parte de la norma comunitaria. La *uniformidad* que impone la primacía del Derecho Comunitario conlleva, sin embargo, dentro de sí una cierta *diferenciación*, en la medida en que el propio Derecho Comunitario acepta la prevalencia de los principios constitucionales de cada Estado miembro, principios que, desde luego, pueden ser diversos.

En el transcurso de unas décadas, por tanto, los tribunales nacionales y el comunitario han logrado definir un *método* que permite la convivencia entre los Derechos nacionales y el comunitario, pese a que no se habían establecido previamente un conjunto de reglas generales que diera solución a los problemas de relación planteados[107].

V. EL TRIBUNAL EUROPEO DE DERECHOS HUMANOS Y EL CASO *HANDYSIDE*: LA DOCTRINA DEL MARGEN DE APRECIACIÓN

En la Sentencia del caso *Handyside*[108], el Tribunal Europeo de Derechos Humanos afirmó por vez primera el principio del «mar-

---

[107] No se ha tenido en consideración el argumento según el cual la doctrina de los contra-límites es un mero recurso retórico desplegado para mantener el poder del Estado y para aplacar a los interesados en la conservación de la soberanía estatal. *Vid.* en general *Diritto comunitario e diritto interno*, Actas del Seminario celebrado en el Palazzo della Consulta, Roma, 20 de abril de 2007 (2008).

Existe una rica literatura relativa a las relaciones entre los ordenamientos jurídicos nacionales y el comunitario. Entre las contribuciones más recientes, *vid.* CESARE PAGOTTO, *La disapplicazione della legge* (2008), y ORESTE POLLICINO, *EU Enlargement and European Constitutionalism through the looking glass of the interaction between national and supranational legal system* (manuscrito inédito, en el archivo del autor).

[108] STEDH *Caso Handyside v. Gran Bretaña*, N. 5493/1972 (7 de diciembre del 1976).

gen de apreciación», sobre el que descansan las relaciones entre el ordenamiento jurídico del Consejo de Europa y los Derechos nacionales de los Estados Partes en la Convención.

El origen de la disputa se hallaba en la traducción y publicación en el Reino Unido de un libro danés, titulado *Libro rojo del cole*, que se ocupaba de ciertas cuestiones de carácter delicado –tales como el aborto, el uso de anticonceptivos, la homosexualidad, la pornografía o la pedofilia–, ofreciendo asesoramiento en tales materias a los jóvenes de edades comprendidas entre los doce y los dieciocho años.

Varios grupos de padres solicitaron la incautación del libro por entender que lesionaba los derechos de los niños y la protección de la infancia. Una vez presentada la orden de incautación por el Fiscal Jefe y dictada una orden judicial, el Tribunal de Lambeth declaró culpable al editor de vulnerar la Ley que prohibía ciertas publicaciones, la *Obscene Publications Act* (Ley sobre Publicaciones Obscenas) de 1959, tal y como había sido reformada en 1964, por haber publicado la obra en cuestión con fines lucrativos. Según los jueces ingleses, el libro podía «depravar y corromper» a los adolescentes. El Tribunal condenó a la editorial –*Handyside*– al pago de una multa y de las costas judiciales, y confirmó la incautación y destrucción de todas las copias del libro. Esta decisión fue impugnada ante el *Inner London Quarter Sessions*, que desestimó la apelación y confirmó la Sentencia original.

Llegados a este punto, el editor inglés decidió recurrir ante el Tribunal Europeo de Derechos Humanos, alegando que las autoridades judiciales inglesas habían infringido varios artículos del Convenio Europeo de Derechos Humanos (en especial su artículo 10) y solicitar una «satisfacción equitativa» en los términos a que se refiere el artículo 50 del mismo Convenio (CEDH). El primero de los citados preceptos dispone:

«1. Toda persona tiene derecho a la libertad de expresión. Este derecho comprende la libertad de opinión y la libertad de recibir o de comunicar informaciones o ideas, sin que pueda haber injerencia de autoridades públicas y sin consideración de fronteras. El presente artículo no impide que los Estados sometan a las empresas de radiodifusión, de cinematografía o de televisión, a un régimen de autorización previa.

2. El ejercicio de estas libertades, que entrañan deberes y responsabilidades, podrá ser sometido a ciertas formalidades, condiciones, restricciones o sanciones previstas por la ley, que constituyan medidas necesarias, en una sociedad democrática, para la seguridad nacional, la integridad territorial o la seguridad pública, la defensa del orden y la prevención del delito, la protección de la salud o de la moral, la protección de la reputación o de los derechos ajenos, para impedir la divulgación de informaciones confidenciales o para garantizar la autoridad y la imparcialidad del poder judicial».

La cuestión más relevante de esta disposición se localiza en su apartado segundo, que enumera las condiciones que permiten excepcionar la libertad de expresión. Tales derogaciones deben estar «previstas en la ley» y resultar «necesarias» en relación con bienes, intereses y derechos expresamente enumerados. Por tanto, la libertad de expresión puede verse limitada sobre la base de dos criterios: uno de carácter formal (la expresa previsión de la restricción por parte de la ley) y otro de orden sustantivo (la necesidad para la protección de los intereses enumerados en el artículo 10 CEDH).

La decisión del Tribunal de Estrasburgo se sustentó, en esencia, en los siguientes argumentos. En primer lugar, subrayó que el artículo 10 CEDH garantiza el derecho a la libertad de expresión, dentro de los límites establecidos por la ley que resulten necesarios para la protección de la moral (párrafo 42). A continuación, señaló que las medidas que excepcionen la libertad de expresión han de ser acordadas mediante la ley y que, en el caso concreto, esas medidas se habían establecido en la Ley de Publicaciones Obscenas (párrafo 44). En tercer término, el Tribunal examinó si en el caso en cuestión se cumplía el criterio de la «necesidad» de la intervención o medida restrictiva, en los términos previstos en el CEDH, concluyendo afirmativamente, puesto que las medidas relativas a la incautación y destrucción del libro habían sido adoptadas con el fin de proteger la moral.

Esta es la parte que más interesa a nuestros efectos: el Tribunal Europeo de Derechos Humanos comienza por afirmar su competencia para evaluar si la medida resulta apta, adecuada y necesaria para proteger la moral, aun cuando entienda que en su enjuiciamiento el Tribunal ha de situarse en una posición subsidiaria respecto de las autoridades nacionales. Y ello porque, entre otras consideraciones, no es posible hallar un mínimo común o una concepción uniforme en lo que hace a la protección de la moralidad. Es obligado, por tanto, afirmará el Tribunal, reconocerle a los jueces nacionales un «margen de apreciación», puesto que, al fin y al cabo, ellos se encuentran en mejor posición para evaluar los criterios morales en juego y la necesidad de los límites o restricciones a la libertad de expresión en sus respectivos Estados (párrafo 48)[109].

---

[109] Como se ha señalado, esta Sentencia formuló por vez primera la doctrina del «margen de apreciación», definido como la esfera de autonomía y discrecionalidad que los ordenamientos jurídicos nacionales, «inferiores», ostentan en relación al ordenamiento «superior» aplicado por el TEDH, y limitado por un «test de necesidad» que se traduce en la práctica en la aplicación del principio de proporcionalidad entre los medios empleados y los fines perseguidos. Acerca de esta doctrina, *vid.* IGNACIO DE LA RASILLA DEL MORAL, «The Increasingly Marginal Appreciation of the Margin of Appreciation Doctrine», 6 *German Law Journal* (2006); YUVAL SHANY, «Toward a General Margin of Appreciation Doctrine in International Law», 16 *European Journal of International Law* 907 (2005); FILIPPPO DONATI & PIETRO MILAZZO, *La dottrina del margine di apprezzamento nella giurisprudenza della Corte europea dei diritti dell'uomo*, en las actas del congreso «La Corte costituzionale e le corti d'Europa», Catanzaro, 31 de mayo- 1 de junio de 2002, disponible en www.associazionedeicostituzionalisti.it/materiali/convegni/copanello020531/donatimilazzo.html; EYAL BENVENISTI, «Margin of Appreciation, Consensus and Universal Standards», in 31 *New York University Journal of International Law & Politics* 843 (1999). En español puede verse B. FASSBENDER, «El principio de proporcionalidad en la jurisprudencia del Tribunal Europeo de Derechos Humanos», en *Cuadernos de Derecho Público*, INAP, España, núm. 5 (1998), pp. 51 y ss. Con carácter más general, pueden verse los restantes artículos en esa misma revista, señaladamente, J. BARNES, «El principio de proporcionalidad. Estudio Preliminar», pp. 15 y ss.

El Tribunal advirtió, sin embargo, que ese «margen de apreciación» que al Estado corresponde no es tampoco ilimitado, puesto que se halla sujeto al «test de necesidad», consistente en el examen de la proporcionalidad de las medidas restrictivas respecto del fin que dicen perseguir (párrafo 49). El Tribunal Europeo, en otras palabras, no ha de sustituir las decisiones de los jueces nacionales por la suya propia. Su función consiste, por el contrario, en examinar si el margen de apreciación ha sido correctamente ejercido a la luz de lo que dispone el citado art. 10 del Convenio, teniendo también en cuenta a tal propósito los argumentos y los elementos probatorios traídos a nivel interno (párrafo 50).

En este punto, el Tribunal llevó a cabo un extenso y complejo examen acerca de la «idoneidad» y la «necesidad» de las medidas restrictivas de la libertad de expresión adoptadas por las autoridades judiciales inglesas, considerando en su ponderación los siguientes elementos: la edad de los lectores a los que se dirigía el libro; la posibilidad de que los jueces británicos actuasen con prejuicios; la adecuación de las medidas adoptadas para proteger la moral; la naturaleza temporal de la incautación; la caracterización de las medidas adoptadas para proteger la moral con base en el art. 10 como potestativas, y no como obligatorias; la inexistencia de cualquier otra medida contra la edición revisada del libro, considerada compatible con las exigencias de la protección de la moral, reconociendo así la «necesidad» de la valoración realizada por los jueces ingleses en relación con la primera edición del texto[110]; la irrelevancia del hecho de que el libro en cuestión, y otras publicaciones consideradas «obscenas», circulasen libremente en otros Estados europeos, en los cuales la protección de la moral puede estar basada en criterios diferentes; y el hecho de que las autoridades inglesas no estaban obligadas a requerir la modificación de los fragmentos conflictivos del

---

[110] La segunda edición del texto incluyó varias modificaciones en el intento de observar las exigencias derivadas de la protección de la moral.

texto, habida cuenta de que el artículo 10 no obliga a los Gobiernos a realizar forma alguna de «censura previa».

Al término de este minucioso análisis sobre la necesidad y proporcionalidad de las medidas adoptadas contra el señor Handyside, el Tribunal concluyó afirmando que las autoridades inglesas no habían vulnerado el artículo 10 CEDH.

En este asunto, puede apreciarse la relación entre los jueces nacionales y los supranacionales, así como entre los ordenamientos nacionales y los supranacionales. De acuerdo con el Tribunal de Estrasburgo, la autoridad competente para intervenir en las materias relativas a la protección de la moral es la que se encuentra «más próxima» a los intereses afectados.

El derecho a la libertad de expresión constituye un principio uniforme y válido para todos los ordenamientos nacionales que son Parte del Consejo de Europa; ello no impide, sin embargo, que cada autoridad nacional –sea legislativa, administrativa o judicial– disfrute de un cierto grado de libertad o «margen de apreciación», a la hora de evaluar la necesidad de limitar las libertades que reconoce y garantiza. Tales limitaciones, sin embargo, deben ser proporcionadas; y el Tribunal de Estrasburgo ostenta la función de velar por la proporcionalidad. La intervención del TEDH es subsidiaria, y consiste en el examen del modo en que las autoridades nacionales ejercen su poder de excepcionar los derechos establecidos en el Convenio, a través de la aplicación del principio de proporcionalidad. Por tanto, la doctrina del «margen de apreciación» se encuentra estrechamente ligada al principio de proporcionalidad.

VI. LAS SENTENCIAS NÚM. 348 Y 349/2007 DEL TRIBUNAL CONSTITUCIONAL ITALIANO: NORMAS INTERPUESTAS

En sus Sentencias núm. 348 y 349 de 2007, el Tribunal Constitucional italiano se enfrentó, desde la perspectiva de los jueces nacionales, al problema de las relaciones entre el ordenamiento del Convenio Europeo de Derechos Humanos y el propio Derecho interno de Italia como Estado Parte de la Convención[111].

En la Sentencia 348/2007, el Tribunal examinó la constitucionalidad del artículo 5*bis* (1) y (2) del Decreto-Ley núm. 333/1992, ulteriormente convalidado en ley, con ciertas modificaciones, mediante la Ley 359/1992[112], por la que se establecían los criterios para el cálculo de las compensaciones por expropiación.

Por otro lado, en la Sentencia 349/2007, el Tribunal evaluó la constitucionalidad de la subsección (7)*bis* del mismo instrumento legislativo, relativo a los perjuicios derivados de ocupaciones ilegítimas[113]. En ambos casos, los parámetros de constitucionalidad

---

[111] El Tribunal Constitucional italiano ya se había pronunciado en ocasiones anteriores sobre la relación entre el CEDH y el ordenamiento nacional. Particular mención a este respecto merece la Sentencia núm. 10/1993, en la que el Tribunal definió a las normas de la Convención como «fuentes atípicas».

[112] Decreto-Ley núm. 333 de 11 de julio 1992 (Medidas de Emergencia para la Mejora de las Finanzas Públicas), convertido, con ciertas modificaciones, en Ley núm. 359 de 8 de agosto de 1992.

[113] Los artículos 5*bis* (1), (2) (7) y (7)*bis* establecen lo siguiente: «1. Fino all'emanazione di un'organica disciplina per tutte le espropriazioni preordinate alla realizzazione di opere o interventi da parte o per conto dello Stato, delle regioni, delle province, dei comuni e degli altri enti pubblici o di diritto pubblico, anche non territoriali, o comunque preordinate alla realizzazione di opere o interventi dichiarati di pubblica utilità, l'indennità di espropriazione per le aree edificabili è determinata a norma dell'articolo 13, terzo comma, della legge 15 gennaio 1885, n. 2892, sostituendo in ogni caso ai fitti coacervati dell'ultimo decennio il reddito dominicale rivalutato di cui agli articoli 24 e seguenti del testo unico delle imposte sui redditi, approvato con d.P.R. 22 dicembre 1986, n. 917. L'importo così determinato è ri-

invocados fueron el artículo 111 (1) y (2) de la Constitución[114], en relación con el artículo 6 CEDH[115], y el artículo 117 (1) de la Constitución[116], en relación con los artículos 6 CEDH y 1 del Protocolo

---

dotto del 40 per cento; 2. In ogni fase del procedimento espropriativo il soggetto espropriato può convenire la cessione volontaria del bene. In tal caso non si applica la riduzione di cui al comma 1..; 7. Nella determinazione dell'indennità di espropriazione per i procedimenti in corso si applicano le disposizioni di cui al presente articolo; 7-bis. In caso di occupazioni illegittime di suoli per causa di pubblica utilità, intervenute anteriormente al 30 settembre 1996, si applicano, per la liquidazione del danno, i criteri di determinazione dell'indennità di cui al comma 1, con esclusione della riduzione del 40 per cento. In tal caso l'importo del risarcimento è altresì aumentato del 10 per cento. Le disposizioni di cui al presente comma si applicano anche ai procedimenti in corso non definiti con sentenza passata in giudicato».

[114] Los artículos 111(1) y (2) de la Constitución establecen que «1. La giurisdizione si attua mediante il giusto processo regolato dalla legge. 2. Ogni processo si svolge nel contraddittorio tra le parti, in condizioni di parità, davanti a giudice terzo e imparziale. La legge ne assicura la ragionevole durata» (1. La jurisdicción se administrará mediante un juicio justo regulado por la ley. 2. Todo juicio se desarrollará mediante confrontación entre las partes, en condiciones de igualdad ante un juez ajeno e imparcial, y con una duración razonable garantizada por la ley).

[115] El artículo 117(1) de la Constitución establece: «La potestà legislativa è esercitata dallo Stato e dalle Regioni nel rispetto della Costituzione, nonché dei vincoli derivanti dall'ordinamento comunitario e dagli obblighi internazionali» (1. El poder legislativo será ejercido por el Estado y por las Regiones dentro de los términos de la Constitución, así como de las obligaciones que deriven del ordenamiento comunitario y de los compromisos internacionales).

[116] Artículo 6 CEDH: «1. Toda persona tiene derecho a que su causa sea oída equitativa, públicamente y dentro de un plazo razonable, por un tribunal independiente e imparcial, establecido por la ley, que decidirá los litigios sobre sus derechos y obligaciones de carácter civil o sobre el fundamento de cualquier acusación en materia penal dirigida contra ella. La sentencia debe ser pronunciada públicamente, pero el acceso a la Sala de Audiencia puede ser prohibido a la prensa y al público durante la totalidad o parte del proceso en interés de la moralidad, del orden público o de la seguridad nacional en una sociedad democrática, cuando los intereses de los menores o la protección de la vida privada de las partes en el proceso así lo exijan o en la medida considerada necesaria por el Tribunal, cuando en circunstancias especiales la publicidad pudiera ser perjudicial para los intereses de la justicia. 2. Toda persona acusada de una infracción se presume inocente hasta que su culpabilidad haya sido legalmente declarada. 3. Todo acusado tiene, como mínimo, los siguientes derechos: a) a ser informado, en el más breve plazo, en una lengua que comprenda y detalladamente, de la naturaleza y de la causa de la acusación formulada contra él; b) a disponer del tiempo y de las facilidades necesarias para la preparación de su defensa; c) a defenderse por sí mismo o a ser asistido por un defensor de su elección y, si no tiene medios para pa-

Adicional Primero del mismo Convenio[117]. Ambos casos guardan relación con los problemas derivados de la expropiación de suelo urbanizable. Los propietarios afectados impugnaron la decisión de calcular la compensación de acuerdo con los criterios previstos en el mencionado artículo 5*bis*, en lugar de los establecidos por las antiguas normas reguladoras de la expropiación, que databan de 1865. En contraste con el sistema antiguo, los nuevos criterios no garantizaban una indemnización equivalente al valor del mercado del bien expropiado. Por el contrario, la indemnización consistía en el pago de la cantidad que resultare de la suma de la media del valor de la propiedad y del valor catastral actualizado, y reducida en un 40% (reducción que no se aplica en los casos en que la propiedad sea cedida voluntariamente al Gobierno –en los que se acepta el «precio» determinado por la Administración–, ni en los supuestos de pago de perjuicios derivados de una ocupación ilegítima). En definitiva, los nuevos criterios resultaban mucho menos beneficiosos para los propietarios que los anteriores[118].

---

garlo, poder ser asistido gratuitamente por un abogado de oficio, cuando los intereses de la justicia lo exijan; d) a interrogar o hacer interrogar a los testigos que declaren contra él y a obtener la citación y el interrogatorio de los testigos que declaren en su favor en las mismas condiciones que los testigos que lo hagan en su contra; e) a ser asistido gratuitamente por un intérprete, si no comprende o no habla la lengua empleada en la audiencia».

[117] Artículo 1 del Protocolo Adicional núm. 1 al CEDH: «Toda persona física o moral tiene derecho al respeto de sus bienes. Nadie podrá ser privado de su propiedad más que por causa de utilidad pública y en las condiciones previstas por la Ley y los principios generales del Derecho Internacional. Las disposiciones precedentes se entienden sin perjuicio del derecho que poseen los Estados de poner en vigor las Leyes que juzguen necesarias para la reglamentación del uso de los bienes de acuerdo con el interés general o para garantizar el pago de los impuestos u otras contribuciones o de las multas».

[118] Ambas Sentencias han sido objeto de numerosos estudios. *Vid.*, en particular, ORESTE POLLICINO, «The Italian Constitutional Court at the Crossroad Between Constitutionalism, Parochialism and Cooperative Constitutionalism. Case Note on Judgements n. 348 and 349 of 2007», 4 *European Constitutional Law Review* (2008); FRANCESCA BIONDI DAL MONTE & FILIPPO FONTANELLI, «The Decisions N. 348 and 349/2007 of the Italian Constitutional Court: the Efficacy of the European Convention in the Italian Legal System», 9 *German Law Journal*, 889 (2008); BARBARA RANDAZZO, «Costituzione e Cedu: il giudice delle leggi apre una 'finestra' su Strasburgo», *Giornale di Diritto Amministrativo* 25

Antes de la reforma del artículo 117(1) de la Constitución italiana realizada en 2001, el Tribunal Constitucional se había pronunciado muchas veces sobre la legitimidad del artículo 5*bis* de la Ley 359/1992, desestimando siempre los recursos. El precepto constitucional que en Sentencias anteriores a esa fecha se había tenido en cuenta era, en particular, el artículo 42 de la Constitución, relativo a la propiedad y a la expropiación. El Tribunal de Estrasburgo, en Sentencias de 2004 y 2006, había declarado ya que la legislación italiana resultaba

---

(2008); MASSIMO LUCIANI, «Alcuni interrogativi sul nuovo corso della giurisprudenza costituzionale in ordine ai rapporti tra diritto italiano e diritto internazionale», *Corriere Giuridico* 201 (2008); ROBERTO CONTI, «La Corte costituzionale viaggia verso i diritti CEDU: prima fermata verso Strasburgo», *Corriere Giuridico* 205 (2008); ANTONIO RUGGERI, *La Cedu alla ricerca di una nuova identità, tra prospettiva formale – astratta e prospettiva assiologico – sostanziale d'inquadramento sistematico* (2007), disponibile en www.forumcostituzionale.it/site/images/stories/pdf/documenti_forum/giurisprudenza/2007/0001_ruggeri_nota_348_349_2007.pdf.; MARIO SAVINO, «Il cammino internazionale della Corte costituzionale dopo le sentenze n. 348 e 349 del 2007», *Rivista Italiana di Diritto Pubblico Comunitario* 743 (2008); CLAUDIO PANZERA, «Il bello dell'essere diversi. Corte costituzionale e corti europee ad una svolta», *Forum di Quaderni Costituzionali* (2008); CESARE PINELLI, «Sul trattamento giurisdizionale della CEDU e delle leggi con essa confliggenti», *Giurisprudenza Costituzionale* 3518 (2007); ANNA MOSCARINI, «Indennità di espropriazione e valore di mercato del bene: un passo avanti (ed uno indietro) della Consulta nella costruzione del patrimonio costituzionale europeo», *Giurisprudenza Costituzionale* 3525 (2007); MARTA CARTABIA, «Le sentenze 'gemelle': diritti fondamentali, fonti, giudici», *Giurisprudenza Costituzionale* 3564 (2007); ANDREA GUAZZAROTTI, «La Corte e la CEDU: il problematico confronto di standard di tutela alla luce dell'art. 117, comma 1, Cost.», *Giurisprudenza Costituzionale* 3574 (2007); VINCENZO SCIARABBA, «Nuovi punti fermi (e questioni aperte) nei rapporti tra fonti e corti nazionali ed internazionali», *Giurisprudenza Costituzionale* 3579 (2007); FRANCESCA ANGELINI, «L'incidenza della CEDU nell'ordinamento italiano alla luce di due recenti pronunce della Corte costituzionale», *Il Diritto dell'Unione Europea* 487 (2008); MARIA EUGENIA BARTOLONI, «Un nuovo orientamento della Corte costituzionale sui rapporti fra ordinamento comunitario e ordinamento italiano?», *Il Diritto dell'Unione Europea* 511 (2008). Sobre las relaciones entre el ordenamiento jurídico italiano y la CEDH, de modo más general, *vid.* UGO VILLANI, «Sul valore della Convenzione europea dei diritti dell'uomo nell'ordinamento italiano», *III Studi sull'integrazione europea* 7 (2008). Acerca de las relaciones entre los Tribunales europeos, *vid.* VINCENZO SCIARABBA, *Tra fonti e corti. Diritti e principi fondamentali in Europa: profili costituzionali e comparati degli sviluppi sovranazionali* (2008) and *Justicia Constitucional y Unión Europea. Un estudio comparado de las experiencias de Alemania, Austria, España, Francia, Italia y Portugal* (Javier Tajadura & Josu de Miguel eds., 2008).

incompatible con las garantías del Convenio, por lo que su vigencia suponía una violación «estructural y sistemática»[119].

En sus dos Sentencias de 2007, el Tribunal Constitucional italiano declaró la inconstitucionalidad de los artículos 5*bis* (1), (2) y (7)*bis* de la Ley de 1992 por resultar contrarios al artículo 117(1) de la Constitución[120]. La disconformidad con el citado precepto constitucional derivaba del hecho de que la Ley vulneraba el artículo 6 CEDH y el artículo 1 del Protocolo Adicional Primero CEDH, preceptos éstos que fueron calificados como «reglas interpuestas»[121].

El Tribunal añadiría que los jueces nacionales debían aplicar las disposiciones del CEDH a la luz de la interpretación que de ellas hace

---

[119] *Vid.* en particular el caso *Scordino v. Italia* (2004), citado por el Tribunal Constitucional en esta Sentencia.

[120] De acuerdo con el citado precepto constitucional, «la potestad legislativa es ejercida por el Estado y por las Regiones respetando la Constitución, así como los vínculos derivados del ordenamiento comunitario y de las obligaciones internacionales».
En su Sentencia 348/2007, el Tribunal consideró inconstitucionales los artículos 37(1) y (2) del Decreto Presidencial núm. 327 de 8 de junio de 2001 (Texto Refundido de las Leyes y Reglamentos relativos a la Expropiación Pública), que reproducían las previsiones del artículo 5*bis* de la Ley de 1992.

[121] En particular, la Corte afirmó que «la estructura de la disposición constitucional en relación con la cual surge esta cuestión es similar a la de otras disposiciones constitucionales que se vuelven aplicables *in concreto* cuando se conectan con otras previsiones no constitucionales necesarias para otorgar un contenido sustantivo a un principio que se limita a establecer en términos generales una cualidad que las normas a que alude deben poseer. Las disposiciones necesarias en tales casos son de rango inferior a la Constitución, pero superiores a la legislación ordinaria. Aunque suele discutirse su capacidad para configurar una categoría unitaria, independientemente del uso de la expresión «fuentes interpuestas», predominante en la literatura académica y en una variada serie de pronunciamientos de este Tribunal para aludir a este tipo de previsiones…, debe aceptarse que el principio contenido en el artículo 117(1) de la Constitución pasa a ser operativo *in concreto* sólo si las 'obligaciones de Derecho Internacional' que restringen el poder legislativo del Estado y de las regiones son específicas. En el caso concreto planteado ante este Tribunal, el principio es complementado y hecho operativo por las disposiciones del CEDH, cuyo papel en este caso consiste en dar sustancia a las obligaciones de Derecho Internacional del Estado».

el Tribunal de Estrasburgo (párrafo 4.6 de la Sentencia núm. 348). Ahora bien, cuando se produzca una incompatibilidad entre una norma interna y el Convenio Europeo de Derechos Humanos (CEDH), el juez, de acuerdo con esta doctrina del Tribunal Constitucional, habrá de elevar una cuestión de inconstitucionalidad. Y a ese propósito debe realizar un doble control o test, para verificar, primero, que ambos (norma interna y Convenio) respetan la Constitución, y, más en concreto, que la «norma interpuesta» resulta conforme con la Constitución; y, en segundo término, para examinar la constitucionalidad de la norma interna cuestionada a la luz de la norma (del Convenio) interpuesta (párrafo 4.7 de la Sentencia núm. 348). Ello significa, en consecuencia, que el principio de que los jueces nacionales puedan *inaplicar* sin más las normas internas –regla que preside la resolución de los conflictos con el Derecho Comunitario– no rige cuando el conflicto o colisión se produce con las normas del Convenio Europeo de Derechos Humanos (párrafo 4.3 de la Sentencia núm. 348).

La «interposición» de las normas contenidas en tratados internacionales (art. 117, párrafo primero, de la Constitución italiana) obliga a que la legislación ordinaria interna respete igualmente las disposiciones de los tratados; si bien las «normas interpuestas» han de resultar a su vez compatibles con la Constitución nacional.

En este sentido, conviene preguntarse si la técnica de la interposición, en los términos en que la ha defendido el Tribunal Constitucional en relación con las disposiciones del CEDH, podría aplicarse a los demás tratados internacionales. Nada en el texto de esas dos Sentencias reseñadas impide pensar que no pueda hacerse extensivo ese mecanismo a todos los compromisos derivados de la ratificación de tratados internacionales. Con todo, ha de tenerse siempre en cuenta un dato relevante. Y es que algunos tratados establecen un órgano judicial específico para que vele por una correcta interpretación y aplicación de lo que en ellos se haya dispuesto. La interpretación que hagan esos órganos judiciales guiará la práctica interna. Otros tratados, en cambio, no aluden a órgano judicial alguno y, por ello, sus normas pueden ser interpretadas libremente por los jueces nacionales (quienes se convierten también, en este sentido, en jueces de las normas internacionales).

De conformidad con la doctrina sentada por el Tribunal Constitucional, el artículo 117(1) de la Constitución permitiría a los jueces nacionales «traer a casa» el Convenio Europeo de Derechos Humanos (CEDH), y en términos más generales, a los tratados internacionales[122].

En ese sentido, parece oportuno poner en conexión esta jurisprudencia de la *Corte Costituzionale* italiana con la Sentencia del Tribunal Europeo de Derechos Humanos (TEDH) del caso *Handsyde*, a la que antes se ha hecho referencia. Pues bien, cada uno de esos Tribunales se ubica en un nivel: el TEDH en una posición «superior» y el Tribunal Constitucional italiano en una posición «inferior», o, mejor, uno se sitúa en un ordenamiento jurídico más extenso y otro en un sistema que no es sino una parte del primero. Los jueces de uno y otro Tribunal están comprometidos e involucrados en una suerte de «diálogo», en el sentido de que buscan fórmulas y criterios de conexión entre los ordenamientos en cuestión.

Los jueces situados al servicio del ordenamiento jurídico más extenso desean, desde luego, garantizar el principio de uniformidad. Pero están dispuestos, sin embargo, a que exista un cierto grado de diversidad, merced al reconocimiento del «margen de apreciación» en beneficio de la instancia estatal, aun cuando vigilen el uso que de esta facultad hagan los jueces nacionales mediante el control último de la «necesidad» y «proporcionalidad» de la medida nacional y de

---

[122] Esta expresión está tomada de HAROLD HONGJU KOH, «Bringing International Law Home», 35 *Houston Law Review* 623 (1998).

su aplicación, o, lo que es lo mismo, el juez del TEDH retiene la última palabra. Por su parte, el juez del ordenamiento menos extenso comparte igualmente el deseo de que se observe la uniformidad del sistema jurídico más extenso; y a tal fin lo inserta dentro de su ordenamiento interno. Se puede decir, en otros términos, que «nacionaliza» el ordenamiento más amplio, en la medida en que lo convierte en test o estándar de enjuiciamiento de la legitimidad de la legislación ordinaria del Estado, esto es, la «regla interpuesta» (en este caso, la del CEDH) entre la Constitución y la legislación interna ha de ser respetada por esta última. Este proceso, sin embargo, introduce y asegura una cierta dosis de diversidad a su vez, si la Constitución así lo requiere, puesto que la regla interpuesta, aunque superior a la legislación ordinaria, ha de respetar la Constitución y las leyes constitucionales, a las que se encuentra subordinada.

Puede decirse, en fin, que la actividad de los jueces ha sido «creativa», puesto que han sabido elaborar un conjunto de criterios y principios de conexión entre ordenamientos y les han dado la suficiente estabilidad para que sean reutilizables una y otra vez, paliando así las negativas consecuencias de la inexistencia de un sistema superior y omnicomprensivo, capaz de disciplinar y regular por sí mismo las relaciones y la jerarquía entre las distintas normas en los diversos niveles.

Si consideramos en su conjunto las distintas clases de conexiones que los jueces han establecido entre los ordenamientos nacionales y el comunitario, por una parte, y entre el CEDH y los Derechos nacionales, por otra, podemos encontrar elementos comunes y diferencias.

En uno y otro caso, la inexistencia de un sistema superior e integrador de los niveles nacionales y supranacionales entraña un evidente vacío en lo que hace tanto a las normas que han de hacer de puente o conexión, como a las reglas de reconocimiento y de jerarquía. En ambos supuestos, además, los jueces compensan ese déficit mediante una doble operación: de un lado, exigen el respeto y observancia de unas reglas generales y uniformes, sea mediante la técnica del efecto directo o de la interposición; y, de otro, admiten el principio de reconocimiento de una esfera de auto-determinación en favor del sistema legal «inferior», sea a través de la doctrina del margen de apreciación o del «contra-límite».

Sin embargo, en el campo de las relaciones más estrechas y cercanas que mantienen el Derecho Comunitario y los ordenamientos estatales, el respeto por la diversidad nacional se contrae a los principios constitucionales fundamentales. Por el contrario, en las relaciones menos próximas entre el Derecho del Convenio Europeo y el de los Estados Parte (y, más en general, entre las normas de un tratado internacional y las nacionales), la entera Constitución nacional puede representar una fuente de diferencia.

VII. EL CASO *BOSPHORUS* ANTE EL TRIBUNAL EUROPEO DE DERECHOS HUMANOS Y LA «PROTECCIÓN EQUIVALENTE» DE LOS DERECHOS HUMANOS

En 1992, *Bosphorus*, una compañía aérea con domicilio en Turquía, alquiló dos aeronaves a *Yugoslav Airlines* (JAT), la aerolínea nacional de la antigua Yugoslavia. Los aviones eran propiedad de JAT, pero estaban operados por la compañía turca.

A partir de 1991, la Organización de Naciones Unidas adoptó una serie de sanciones contra la República Federal de Yugoslavia, en un intento de poner fin a los conflictos armados y a las graves violaciones de los derechos humanos que se estaban produciendo en aquel país. En la Resolución del Consejo de Seguridad núm. 820, de 1993, la ONU dispuso que los Estados debían incautarse de las aeronaves pertenecientes a compañías cuya mayoría de capital o cuyo control estuviese en manos de personas físicas o jurídicas de nacionalidad yugoslava, así como aquéllas que operasen en Yugoslavia. En Europa, esta Resolución fue aplicada a través del Reglamento CEE 990/93, que entró en vigor el 28 de abril de 1993.

En mayo de 1993 una de las dos aeronaves yugoslavas alquiladas por la compañía turca aterrizó en Dublín y fue confiscada por el Ministerio de Transporte irlandés. A continuación se sucedieron dos procedimientos judiciales ante el Tribunal Supremo irlandés, una cuestión prejudicial ante el TJCE y una Sentencia del Tribunal Supremo de Irlanda, hasta 1997, fecha de finalización del alquiler de la aeronave y en la que JAT y el Ministerio de Transporte irlandés habían alcanzado un acuerdo, y el avión había sido devuelto al primero de ellos.

En 1997, la compañía *Bosphorus* presentó una demanda ante el Tribunal Europeo de Derechos Humanos, alegando que la confiscación de la aeronave constituía una violación del derecho de propiedad garantizado por el artículo 1 del Protocolo Adicional Primero CEDH. Tal precepto dispone:

«Toda persona física o moral tiene derecho al respeto de sus bienes. Nadie podrá ser privado de su propiedad sino por causa de utilidad pública y en las condiciones previstas por la ley y los principios generales del Derecho Internacional.

Las disposiciones precedentes se entienden sin perjuicio del derecho que poseen los Estados de dictar las leyes que estimen necesarias para la reglamentación del uso de los bienes de acuerdo con el interés general...»

El Tribunal dictaminó que Irlanda no había vulnerado el precepto invocado relativo al derecho de propiedad (párrafo 167), sobre la base de una compleja cadena argumentativa que puede resumirse como sigue[123]. Los Estados disfrutan de un amplio margen de apre-

---

[123] TEDH, *Caso Bosphorus Hava Yollari Turizm Ve Ticaret Anonim Sirketi v. Irlanda*, N. 45036/98 (30 de junio de 2005).

ciación en el establecimiento de limitaciones al derecho de propiedad (párrafo 149). Las medidas de las autoridades irlandesas objeto de impugnación se adoptaron para dar cumplimiento a lo establecido en el artículo 8 del Reglamento comunitario, y no en el ejercicio de una potestad discrecional (párrafo 148). El cumplimiento del Derecho Comunitario puede ser considerado como un «interés general» a los efectos del artículo 1 del Protocolo (párrafo 150). Sin embargo, no es suficiente que la actuación en cuestión se adopte por causas de interés general; es necesario, además, que respete los derechos establecidos en el CEDH o las garantías «equivalentes» (en el sentido de «comparables»). Si se proporciona un nivel de protección equivalente, puede presumirse que el Estado no se ha alejado de las exigencias del Convenio (párrafo 156), y el Derecho Comunitario en general garantiza un nivel de protección de los derechos fundamentales que resulta equivalente al proporcionado por el Convenio, dando lugar a la presunción de que este último ha sido respetado (párrafos 159-165).

En este caso, el Tribunal de Estrasburgo adoptó una clara actitud de «deferencia» hacia el Derecho Comunitario, declinando así aplicar el Convenio. De mayor interés para nosotros resulta, sin embargo, el *principio de equivalencia*, que entraña que cuando un ordenamiento jurídico proporcione una protección equivalente a la de otro, éste se abstendrá de aplicar sus propias normas. No obstante, ello implica también que cuando el primer ordenamiento no ofrezca una protección equivalente, el segundo intervendrá para asegurar el respeto de los derechos que garantiza. Una última y más importante consecuencia es que, de esta forma, los dos ordenamientos jurídicos se interpretan en conjunto como un todo unitario y completo, en el que el nivel de protección garantizado no podrá verse menoscabado, puesto que si se produce un recortamiento en el primer ordenamiento, el segundo interviene[124].

[124] Sobre el caso *Bosphorus*, *vid*. LECH GARLICKI, «Cooperation of courts: The role of supranational jurisdictions in Europe», 6 *International Journal of Constitutional Law* 69

VIII. EL ARBITRAJE DEL CASO *MOX PLANT* EN VIRTUD DEL ARTÍCULO 287 DE LA CONVENCIÓN DE NACIONES UNIDAS SOBRE EL DERECHO DEL MAR (CNUDM): LA DIVISIÓN DE FUNCIONES

El caso *Mox Plant* se ocupó de las desastrosas consecuencias medioambientales derivadas del manejo y transporte de sustancias radioactivas procedentes de ciertas plantas nucleares británicas (*British Nuclear Fuels plc*)[125] ubicadas en Sellafield (Inglaterra), que vertían cada día unos ocho millones de litros de residuos nucleares al Mar de Irlanda, contaminando las aguas y la fauna marina[126]. Según las estimaciones de *Greenpeace*, ese tramo de costa es uno de los más contaminados del mundo. Se trata además de un mar «semicerrado» en el sentido del artículo 122 de la Convención de las Naciones Unidas sobre el Derecho del Mar (CNUDM)[127].

En 2001, Irlanda decidió no tolerar más los efectos de la contaminación británica e instó al establecimiento de un Tribunal Arbitral sobre la base del artículo 287 de la CNUDM, con la pretensión de que se declarara que el

---

(2008). *Vid.* también los comentarios a la Sentencia de FRANK HOFFMEISTER 100 *American Journal of International Law* 442 (2006) y de SIONAIDH DOUGLAS-SCOTT, 43 *Common Market Law Review* 243 (2006); F. FONTANELLI & G. MARTINICO, *supra* nota. 79, pp. 351-387.

[125] Se trataba de una compañía perteneciente en su totalidad al Gobierno de Reino Unido.

[126] En relación con el caso *Mox Plant, vid.* en particular NIKOLAOS LAVRANOS, «The Mox Plant and Ijzeren Rijn Disputes: Which Court is the Supreme Arbiter?», 19 *Leiden Journal of International Law* 223 (2006).

[127] Convención de las Naciones Unidas sobre el Derecho del Mar, Bahía Montego (Jamaica), de 10 de diciembre de 1982. Esta Convención se negoció entre 1973 y 1982, año éste en que fue firmada, entrando en vigor en 1994 con 159 Estados Parte. El texto está integrado por 320 artículos. La Convención sustituyó el tradicional principio de libertad del mar por una serie de nuevos principios, relativos, por ejemplo, al uso común de los recursos marinos y a la gestión y desarrollo de la extracción petrolífera y de las actividades pesqueras. El artículo 122 de la CNUDM, bajo la rúbrica «definición» establece que «Para los efectos de esta Convención, por 'mar cerrado o semicerrado' se entiende un golfo, cuenca marítima o mar rodeado por dos o más Estados y comunicado con otro mar o el océano por una salida estrecha, o compuesto entera o fundamentalmente de los mares territoriales y las zonas económicas exclusivas de dos o más Estados ribereños».

Reino Unido había vulnerado sus obligaciones derivadas de la Convención y se impusieran las medidas de reparación adecuadas. En particular, Irlanda alegó la violación de los artículos 123, 192, 193, 194, 197, 206, 207, 211 y 213 de la Convención, siendo el más importante de ellos, a los efectos que nos conciernen, el artículo 123, referido a las relaciones de cooperación entre los Estados ribereños de mares cerrados o semicerrados[128].

El 24 de junio de 2003, el Tribunal Arbitral dictó una Resolución suspendiendo el curso del procedimiento (titulada «Suspension of Proceedings on Jurisdiction and Merits, and Request for Further Provisional Measures»), en respuesta a las objeciones presentadas por el Reino Unido, en su condición de parte demandada, relativas a la jurisdicción del Tribunal. En particular, el Reino Unido alegaba que la controversia podía estar comprendida en la jurisdicción del Tribunal de Justicia de la Unión, al afectar a materias de competencia comunitaria. Por ello, requirió del Tribunal Arbitral que emitiese un juicio preliminar acerca de su jurisdicción en la materia.

En su contestación, el Tribunal Arbitral destacó que en mayo de 2003 la Comisión Europea había dado una respuesta escrita al Parlamento Europeo[129] en la que le comunicaba que estaba considerando la posibilidad de iniciar un procedimiento contra Irlanda de conformidad con el artículo 226 del TCE, por entender que las

---

[128] El artículo 123 de la CNUDM establece lo siguiente: «Los Estados ribereños de un mar cerrado o semicerrado deberían cooperar entre sí en el ejercicio de sus derechos y en el cumplimiento de sus deberes con arreglo a esta Convención. A ese fin, directamente o por conducto de una organización regional apropiada, procurarán: (a) Coordinar la administración, conservación, exploración y explotación de los recursos vivos del mar; (b) Coordinar el ejercicio de sus derechos y el cumplimiento de sus deberes con respecto a la protección y la preservación del medio marino; (c) Coordinar sus políticas de investigación científica y emprender, cuando proceda, programas conjuntos de investigación científica en el área; (d) Invitar, según proceda, a otros Estados interesados o a organizaciones internacionales a cooperar con ellos en el desarrollo de las disposiciones de este artículo».

[129] Sesión Plenaria del Parlamento Europeo, pregunta oral planteada por Proinsias de Rossa (H-0256/03), jueves 15 de mayo de 2003.

cuestiones suscitadas en el presente litigio pertenecían a la exclusiva jurisdicción del Tribunal de Justicia (párrafo 21).

Seguidamente, el Tribunal Arbitral advertiría que, aunque ninguna de las partes en conflicto había sostenido la jurisdicción exclusiva del Tribunal de Justicia de la Unión Europea sobre los asuntos en cuestión, no se puede asegurar en absoluto que el Tribunal comunitario, de haber sido llamado, hubiera rechazado esa posibilidad (párrafo 22) –lo cual habría supuesto desde luego la exclusión de la jurisdicción del Tribunal Arbitral en virtud de lo dispuesto en el artículo 282 CNUDM–. En efecto, el citado artículo 282 CNUDM, relativo a las «obligaciones resultantes de acuerdos generales, regionales o bilaterales», establece que «cuando los Estados Partes que sean partes en una controversia relativa a la interpretación o la aplicación de esta Convención hayan convenido, en virtud de un acuerdo general, regional o bilateral o de alguna otra manera, en que esa controversia se someta, a petición de cualquiera de las partes en ella, a un procedimiento conducente a una decisión obligatoria, dicho procedimiento se aplicará en lugar de los previstos en esta Parte, a menos que las partes en la controversia convengan en otra cosa». Por tanto, el sistema de la Convención –aún no perfeccionado– contempla una suerte de remisión o «referencia flexible» a otros ordenamientos jurídicos con mayor grado de desarrollo en la materia.

El Tribunal Arbitral reconoció asimismo que las controversias surgidas en el caso afectaban a la «operación internacional de un ordenamiento jurídico separado» (párrafo 24), por lo que «no resultaría apropiado, por el momento, que este Tribunal procediese a celebrar las audiencias sobre el fondo del asunto respecto de tales disposiciones» (párrafo 26), habida cuenta, además, de que se habían suscitado dudas fundamentales acerca de si podía establecerse la jurisdicción del Tribunal respecto de alguna o todas las alegaciones que ante él se habían hecho valer. Por otra parte, añadiría el Tribunal Arbitral, el sistema comunitario constituye un «ordenamiento jurídico del que pueden derivarse decisiones definitivas y vinculantes» (párrafo 27), de donde se infiere que la parte demandante podría haber tenido mayores oportunidades de ver satisfechas sus pretensiones de haber dirigido su demanda al Tribunal de Justicia de la Unión Europea.

En definitiva, el Tribunal Arbitral concluyó que, dadas las condiciones de mutuo respeto, reciprocidad y cortesía («comity») que deben prevalecer entre las instituciones judiciales, sería «inapropiado» que continuara con el proceso, añadiendo que si llegara a adoptar una decisión sobre el fondo del asunto[130] podría incurrir en el riesgo de entrar en conflicto con la decisión que en su caso adoptara el Tribunal de Justicia.

En esencia, más allá de la preferencia por una solución plenamente judicial (un principio establecido, como se ha señalado, en el artículo 282 CNUDM), el Tribunal Arbitral afirmó también el principio de respeto por los ordenamientos jurídicos separados que se encuentren afectados en mayor medida. En consecuencia, ordenó la suspensión del procedimiento arbitral hasta diciembre de 2003[131].

---

[130] Conforme al párrafo 28 de la Resolución, «[...] in the circumstances, and bearing in mind considerations of mutual respect and comity which should prevail between judicial institutions both of which may be called upon to determine rights and obligations as between two States, the Tribunal considers that it would be inappropriate for it to proceed further with hearing the Parties on the merits of the dispute in the absence of a resolution of the problems referred to. Moreover, a procedure that might result in two conflicting decisions on the same issue would not be helpful to the resolution of the dispute between the Parties».

[131] El 6 de junio de 2008, el Tribunal adoptó la Orden núm. 6 sobre la definitiva «Finalización de los Procedimientos», tras la notificación por parte de Irlanda de la retirada de su denuncia contra Reino Unido de fecha de 15 de febrero de 2007. *Vid.* http://www.pca-cpa.org/upload/fil/MOX%20Plant%20 Press%20Release%20Order%20N.%206.pdf.

En su Sentencia C-459/2003, de 30 de mayo de 2006[132], el Tribunal de Justicia de la Unión Europea estimó la demanda presentada por la Comisión contra Irlanda por infracción de los artículos 226 del Tratado CE y 141 del Tratado Euratom. La Comisión pretendía del Tribunal la declaración de que Irlanda, al incoar un procedimiento de resolución de conflictos contra el Reino Unido en el marco de la CNUDM en relación con el asunto en litigio, había incumplido sus obligaciones derivadas de los artículos 10 y 292 del Tratado CE y 192-193 del Tratado Euratom[133]. El TJUE aceptó los argumentos aducidos por la Comisión, declarando que Irlanda había vulnerado las referidas disposiciones.

Este caso resulta igualmente ilustrativo acerca del modo en que los Tribunales definen las relaciones entre ordenamientos jurídicos distintos. Aquí, ninguno de los ordenamientos implicados era de naturaleza estatal, sino de carácter internacional (el relativo al Derecho del Mar), y supranacional (el Derecho Comunitario). La

---

[132] TJUE, asunto C-459/03 de 30 de mayo 2006, *Comisión Europea v. Irlanda*.

[133] El artículo 10 del Tratado CE recoge el principio de «cooperación leal», estableciendo que «1. Los Estados miembros adoptarán todas las medidas generales o particulares apropiadas para asegurar el cumplimiento de las obligaciones derivadas del presente Tratado o resultantes de los actos de las instituciones de la Comunidad. Facilitarán a esta última el cumplimiento de su misión. 2. Los Estados miembros se abstendrán de todas aquellas medidas que puedan poner en peligro la realización de los fines del presente Tratado». Por su parte, el artículo 292 del Tratado CE puede considerarse simétrico al artículo 282 CNUDM; el primero de ellos establece que «Los Estados miembros se comprometen a no someter las controversias relativas a la interpretación o aplicación del presente Tratado a un procedimiento de solución distinto de los previstos en este mismo Tratado». Asimismo, los artículos 192 y 193 del Tratado Euratom se limitan a reproducir las previsiones de los artículos 10 y 292 del Tratado CE: «Los Estados miembros adoptarán todas las medidas generales o particulares apropiadas para asegurar el cumplimiento de las obligaciones derivadas del presente Tratado o resultantes de los actos de las instituciones de la Comunidad. Facilitarán a esta última el cumplimiento de su misión. Los Estados miembros se abstendrán de todas aquellas medidas que puedan poner en peligro la realización de los fines del presente Tratado» (192); y «Los Estados miembros se comprometen a no someter las controversias relativas a la interpretación o aplicación del presente Tratado a un procedimiento de solución distinto de los previstos en este mismo Tratado» (193).

norma internacional establecía simplemente un principio de preferencia hacia una solución plenamente judicial, esto es, hacia un procedimiento que culmine con una decisión vinculante de las controversias. El Tribunal Arbitral añadió un principio más, de origen estrictamente jurisprudencial: el principio de respeto hacia los ordenamientos jurídicos distintos que se vean afectados particularmente por la materia objeto de la disputa.

IX. EL ASUNTO *KADI* ANTE EL TRIBUNAL DE JUSTICIA DE LA UNIÓN EUROPEA Y LA PRIMACÍA DEL DERECHO INTERNACIONAL SOBRE EL DERECHO DE LA UNIÓN

Yassin Abdullah Kadi, un empresario internacional y ciudadano de Arabia Saudí con importantes intereses financieros en la Unión Europea, y la *Fundación Internacional Al Barakaat*, establecida en Suecia, tenían sus fondos congelados en el Reino Unido y Suecia, respectivamente. Tras varios intentos infructuosos de poner fin a esta situación ante los órganos administrativos y judiciales nacionales, ambos elevaron el caso ante el Tribunal de Primera Instancia de la Unión Europea, con el argumento de que las autoridades británicas y suecas habían actuado con la finalidad de cumplir un Reglamento comunitario, el cual a su vez había sido adoptado para aplicar una Resolución del Consejo de Seguridad de la ONU dirigida a combatir el terrorismo internacional. Las partes ejercitaron una pretensión anulatoria ante el Tribunal de Primera Instancia contra la norma comunitaria en cuestión. Sin embargo, el Tribunal desestimó la pretensión, sosteniendo que las Resoluciones del Consejo de Seguridad resultan de obligado cumplimiento para la Comunidad, cuyas competencias sobre la materia son en verdad muy limitadas, sin margen de apreciación o discrecionalidad para su aplicación.

Ambas partes apelaron la Sentencia del Tribunal de Primera Instancia ante el Tribunal de Justicia de la Unión Europea. El 3 de septiembre de 2008, mediante Sentencia dictada en los asuntos acumulados C-402/05 P y C-415/05 P, el TJUE revocó la Sentencia del Tribunal de Primera Instancia y anuló el Reglamento CE 881/2002 (en cuanto resultaba de aplicación a los demandantes), aunque dispuso que los efectos de la norma podrían extenderse aún por un periodo no superior a tres meses contados desde la fecha de la Sentencia.

El Tribunal de Primera Instancia había negado la existencia de una serie de principios jurídicos (tales como el derecho a participar en los procedimientos administrativos; el derecho de audiencia; o el derecho de propiedad). Para llegar a esa conclusión, había proyectado una visión de carácter centralizado de las relaciones entre los dos ordenamientos, sobre la base del modelo francés[134]. Es decir, la Comunidad habría actuado, de acuerdo con el Tribunal de Primera Instancia, de un modo puramente mecánico en ejecución y aplicación de una norma que le venía impuesta, sin margen de discrecionalidad alguno. En consecuencia, si sus poderes y competencias se hallaban constreñidos, la acción comunitaria debiera considerarse inatacable ante la jurisdicción, y no podría sujetarse a las exigencias

---

[134] O quizás como una «pirámide jurídica». Para una crítica de esta metáfora, *vid.* ARMIN VON BOGDANDY, «Pluralism, direct effect, and the ultimate say: On the relationship between international and domestic constitutional law», 6 *International Journal of Constitutional Law* 397 (2008). Sobre la Sentencia del TJUE en el asunto *Kadi*, *vid.* los comentarios publicados en 10 *Giornale di Diritto Amministrativo* (2008), en particular ALDO SANDULLI, «Caso Kadi: tre percorsi a confronto» (pp. 1088-1090); SABINO CASSESE, «Ordine comunitario e ordine globale» (pp. 1091-1092); EDOARDO CHITI, «I diritti di difesa e di proprietà nell'ordinamento europeo» (pp. 1093-1095); MARIO SAVINO, «Libertà e sicurezza nella lotta al terrorismo: quale bilanciamento?» (pp. 1096-1099); GIULIO VESPERINI, «Il principio del contraddittorio e le fasi comunitarie di procedimenti globali» (pp. 1100-1101); GIACINTO DELLA CANANEA, «Un nuovo nomos per l'ordine globale» (pp. 1102-1104). *Vid.* también GRAINNE DE BURCA, «The European Court of Justice and the International Legal Order after Kadi», *Jean Monnet Working Paper* 01/09, NYU School of Law.

del principio del Estado de Derecho (*vid.* en particular los párrafos 214 y 231 de la Sentencia del Tribunal de Primera Instancia). Por su parte, el Tribunal de Justicia redefinió las relaciones entre la ONU y la Unión Europea, afirmando la primacía de la primera sobre la segunda en diferentes términos.

El razonamiento del Tribunal de Justicia se articuló en torno a cinco pasos lógicos. Primero, el Derecho de la ONU tiene primacía (o prevalencia) (párrafo 288), y por ello debe ser respetado por el Derecho Comunitario (párrafos 291 y 318). Segundo, el Derecho Internacional establece términos, objetivos y obligaciones (párrafos 296-297), pero no impone un modelo particular o preestablecido para su cumplimiento, dejando, pues, libertad de elección a los Estados; los medios de aplicación han de ser determinados de conformidad con el procedimiento interno aplicable en cada ordenamiento jurídico nacional o supranacional. Tercero, una norma comunitaria que aplica Derecho global es un acto de la Comunidad, que no actúa como órgano subsidiario de la ONU (párrafos 326 y 314); no se trata, por tanto, de un acto jurídico directamente imputable a la ONU. Cuarto, el comunitario constituye un ordenamiento jurídico autónomo (párrafos 316-317), que lo ha erigido en una comunidad basada en el principio del Estado de Derecho (párrafos 281 y ss.). Y, quinto, en consecuencia, al desarrollar y aplicar el Derecho global, el Derecho Comunitario ha de respetar los principios generales del Derecho.

La compleja argumentación del Tribunal de Justicia plantea algunas incertidumbres, al tiempo que contiene una serie de implicaciones ocultas. En primer lugar, no está claro si la primacía del Derecho global es de carácter estructural o funcional: el Tribunal parece apostar por esta última opción como se desprende del párrafo 294 de su Sentencia, donde enfatiza que la ONU ostenta la responsabilidad principal en la lucha contra el terrorismo. Sin embargo, en otro pasaje de la misma Sentencia (párrafo 305), el Tribunal de

Justicia parece entender que las relaciones entre ordenamientos se basan en el principio de jerarquía, aunque lo formule en términos hipotéticos.

En segundo término, las referencias al Derecho global parecen moverse o fluctuar: la Carta de la ONU no impone ningún modelo en particular para su aplicación, mientras que las Resoluciones del Consejo de Seguridad son las que establecen las obligaciones relativas a la lucha contra el terrorismo internacional; por tanto, se hacen referencias tanto a un Derecho global de naturaleza «constitucional» o primaria, como a otro de carácter secundario o derivado.

En tercer lugar, de la redefinición que el Tribunal realiza de las relaciones entre los dos ordenamientos jurídicos se siguen dos límites para el Derecho global en liza: que éste sólo tiene primacía si se limita a establecer los objetivos de las políticas antiterroristas (párrafos 296-297), y si respeta los principios «constitucionales» de la Comunidad (contenidos principalmente en el artículo 6(1) del TUE) –dado que, según el artículo 300(6) y (7) TCE, los tratados internacionales ratificados por la Comunidad son vinculantes sólo en cuanto sean compatibles con el Derecho Comunitario (*vid.*, en particular, el párrafo 308).

El análisis o enfoque que el Tribunal de Justicia adopta respecto de las relaciones entre los dos ordenamientos jurídicos recuerda al que realizara el Tribunal Constitucional italiano en punto a la interacción entre los ordenamientos jurídicos internos de los Estados miembros y el Derecho del Convenio Europeo de Derechos Humanos. La norma «superior» se impone sobre el Derecho primario situado en el nivel «inferior», pero sólo dentro de los límites establecidos por la Constitución del ordenamiento jurídico «inferior». Ello significa que este último retiene la posibilidad de controlar el modo de su integración en el marco del ordenamiento «superior», sin abrirle la puerta incondicionalmente. En tal sentido, esta perspectiva difiere de la que han adoptado muchos Tribunales Constitucionales europeos respecto de las relaciones con el ordenamiento comunitario, en la medida en que la resistencia que oponen frente a la integración se limita exclusivamente a los principios constitucionales *fundamentales* (*counter-limits doctrine*, a la que ya se ha hecho referencia). Así lo confirman los párrafos 282 y 285 de la Sentencia *Kadi* (y también los párrafos 301-304, si tenemos en cuenta que la Comunidad no posee una Constitución propia, y que en su lugar ciertos principios contenidos en las previsiones de los distintos Tratados juegan una función constitucional).

X. EL ASUNTO *LOEWEN* ANTE UN TRIBUNAL ARBITRAL DEL CONSEJO INTERNACIONAL DE SOCIEDADES DE DISEÑO INDUSTRIAL (CIADI): EL PRINCIPIO DE SUBSIDIARIEDAD

En el asunto *Loewen*, se plantea en primer término una disputa que tiene alcance interno ante un juez nacional, que adquiere, más tarde, una dimensión global, al dirimirse ante un Tribunal Arbitral del Centro Internacional de Arreglo de Diferencias relativas a Inversiones (CIADI, en inglés ICSID), en el marco de las disposiciones de un ordenamiento jurídico supranacional (el Tratado de Libre Comercio de América del Norte o NAFTA, en sus siglas en inglés)[135]. Las disposiciones que se invocaron en el proceso ante el Tribunal Arbitral del CIADI fueron los artículos 1102, 1105 y 1110[136], de la

---

[135] Para un análisis de este asunto, *vid.* HENRY PAUL MONAGHAN, *Article III and Supranational Judicial Review*, 107 COLUM. L. REV. 833 (2007).

[136] El Tratado de Libre Comercio de América del Norte (North American Free Trade Agreement, NAFTA) es un acuerdo firmado en 1992 entre Estados Unidos, Canadá y México. Entró en vigor en 2004. Es un tratado de libre comercio, basado en el previo Acuerdo de Libre Comercio (Free Trade Agreement, FTA) entre Estados Unidos y Canadá, e inspirado a su vez en el modelo de la Comunidad Europea. Existen también otros dos

Parte V del Tratado del NAFTA, que se refiere a la regulación de las inversiones. Estos preceptos establecen los principios de la nación más favorecida, de no discriminación y de transparencia[137].

La Sentencia *Loewen* se ocupa de la controversia que surge entre una empresa funeraria y de seguros mortuorios canadiense, que formaba parte de un grupo de empresas más amplio –y en el que incluía también a una compañía estadounidense (*Loewen Group* y *Loewen Group International, Inc.*)–, de un lado y, de otro, una empresa de la competencia, radicada en Misisipi (*O'Keefe*). La cuestión se suscita una vez que el citado *Grupo Loewen* adquiere una serie de negocios funerarios en Estados Unidos, entre los cuales se contaba uno que pertenecía al Señor Riemann, de Misisipi. *O'Keefe* sufrió pérdidas a consecuencia de la competencia del nuevo grupo industrial. Por ello, decidió presentar una reclamación por daños y perjuicios contra *Loewen* ante el Tribunal del Estado de Misisipi. Este Tribunal, que estuvo presidido por un juez afro-americano y compuesto por un jurado de doce miembros, de los cuales ocho eran

---

acuerdos conectados con el NAFTA, relativos a la cooperación medioambiental (NAAEC) y a la cooperación laboral (NAALC).

El NAFTA tiene dos órganos principales: el Secretariado y la Comisión. El Secretariado está dividido en tres secciones con sede en Ottowa, Mexico City y Washington DC, dirigidos por un Secretario nombrado por cada Gobierno. Estos órganos proporcionan asistencia administrativa a la Comisión, que es la decisión central y decisoria del NAFTA, y que está compuesta por los Ministros responsables del comercio internacional de cada Estado.

[137] En concreto, el artículo 1102(1) y (2) establece que: «1. Cada una de las Partes otorgará a los inversionistas de otra Parte un trato no menos favorable que el que otorgue, en circunstancias similares, a sus propios inversionistas en lo referente al establecimiento, adquisición, expansión, administración, conducción, operación, venta u otra disposición de las inversiones. 2. Cada una de las Partes otorgará a las inversiones de inversionistas de otra Parte, trato no menos favorable que el que otorga, en circunstancias similares, a las inversiones de sus propios inversionistas en el establecimiento, adquisición, expansión, administración, conducción, operación, venta u otra disposición de las inversiones». El artículo 1105(1) dispone que «Cada una de las Partes otorgará a las inversiones de los inversionistas de otra Parte, trato acorde con el Derecho Internacional, incluido trato justo y equitativo, así como protección y seguridad plenas». Por último, el artículo 1110 regula la expropiación y la indemnización.

también afro-americanos, falló a favor de *O'Keefe*, concediéndole no sólo la indemnización por las pérdidas sufridas, sino también una compensación de carácter sancionador en su beneficio[138], por entender que inequívocamente se había producido una actuación discriminatoria contra la empresa demandante.

El Derecho del Estado de Misisipi sólo permite apelar si se presenta un aval, que el Tribunal de instancia en este caso había fijado en 625 millones de dólares y cuyo depósito debía hacerse efectivo en el plazo de una semana. En caso contrario, la Sentencia se habría de ejecutar de inmediato.

La cuantía impuesta impidió finalmente que el *Grupo Loewen* apelara la Sentencia. Sin embargo, no se aquietó, sino que decidió recurrir ante un Tribunal Arbitral al amparo de lo previsto en el NAFTA, bajo los auspicios del CIADI[139]. El argumento central que hizo valer la parte demandante fue que el *Grupo* habría sido discriminado y tratado de una manera menos favorable en el proceso de instancia que las empresas locales.

El Tribunal Arbitral desestimó el recurso mediante Resolución de 26 de junio de 2003. Aunque admitió que el proceso que se había seguido ante el Tribunal del Estado de Misisipi no había sido justo y, por ello, había vulnerado el artículo 1005 del NAFTA, sin embargo, el recurrente no había cumplido con el requisito de agotamiento previo de la vía judicial procedente (esto es, no había observado la regla de los «recursos locales» disponibles), razón por la que no podía beneficiarse ahora de la protección que podría dispensar el NAFTA. Y ello porque no puede declararse responsable a

---

[138] El montante total ascendía a alrededor de 500 millones de dólares.

[139] Las disposiciones del NAFTA relativas a la constitución de tribunales arbitrales están recogidas en los artículos 1116, 1117, 1121 y 1131 (este último referente al Derecho aplicable por el Tribunal).

un Estado por errores judiciales, cometidos por sus tribunales, salvo que se hayan agotado todos los remedios jurisdiccionales, hasta llegar a la última instancia[140].

De acuerdo con el Tribunal Arbitral, el juez nacional de instancia incurrió en una manifiesta injusticia, en el sentido que tiene esta expresión en el Derecho Internacional (párrafo 54). El *Grupo Loewen* había sido tratado de forma injusta y discriminatoria (párrafo 119)[141]. La decisión del jurado se había visto influenciada por prejuicios raciales (y por el «favoritismo local») (párrafo 136). El proceso y el veredicto final fueron «incorrectos y deshonrosos», muy lejos de los «estándares mínimos de Derecho Internacional y de un trato justo y equitativo» (párrafo 137). El Tribunal del Estado de Misisipi había vulnerado el «derecho a un juicio justo reconocido en el ordenamiento internacional» (párrafo 142).

Ahora bien, la Sentencia cuestionada del Tribunal del Estado de Misisipi no era una resolución definitiva. El Tribunal Arbitral

---

[140] *Vid.* el artículo 1101 del NAFTA, que establece: «1. Este capítulo se aplica a las medidas que adopte o mantenga una Parte relativas a: (a) los inversionistas de otra Parte; (b) las inversiones de inversionistas de otra Parte realizadas en territorio de la Parte; y (c) en lo relativo a los Artículos 1106 y 1114, todas las inversiones en el territorio de la Parte. 2. Una Parte tiene el derecho de desempeñar exclusivamente las actividades económicas señaladas en el Anexo III, y de negarse a autorizar el establecimiento de inversiones en tales actividades. 3. Este capítulo no se aplica a las medidas que adopte o mantenga una Parte en la medida en que estén comprendidas en el Capítulo XIV, 'Servicios financieros'. 4. Ninguna disposición de este capítulo se interpretará en el sentido de impedir a una Parte prestar servicios o llevar a cabo funciones tales como la ejecución y aplicación de las leyes, servicios de readaptación social, pensión o seguro de desempleo o servicios de seguridad social, bienestar social, educación pública, capacitación pública, salud y protección a la infancia cuando se desempeñen de manera que no sea incompatible con este capítulo».

[141] En el párrafo 119, el Tribunal observó que «por cualquier estándar de medición, el juicio referido a *O'Keefe* y *Loewen* fue un vergüenza. Por cualquier estándar de revisión, las tácticas de los abogados de *O'Keefe*, particularmente del Sr. Gary, resultaban inadmisibles. Por cualquier estándar de evaluación, el juez de la causa no permitió a *Loewen* tener el proceso debido».

recordó que «la acción judicial constituye una sola acción de principio a fin, de modo tal que el Estado no ha hablado hasta que todas las instancias hayan sido agotadas» (párrafo 143). De ahí que si se interviniera cuando no se han utilizado todos los recursos disponibles, se produciría un conflicto entre las decisiones de los órganos nacionales y los globales.

Por ello, el Tribunal Arbitral examinó a ese propósito si el *Grupo Loewen* podría haber apelado ante el Tribunal Supremo de Misisipi, para determinar si el veredicto del Tribunal del Estado de Misisipi constituía una medida adoptada o mantenida por el demandado, vulneradora del artículo 1105 (párrafo 207). A juicio del Tribunal Arbitral, *Loewen* no agotó sus recursos internos, especialmente en lo que hace al Tribunal Supremo del Estado al que debía haber acudido, y, en consecuencia, *Loewen* no ha demostrado una violación del Derecho Internacional consuetudinario, ni una violación del NAFTA por las que el Estado demandado pueda ser declarado responsable» (párrafo 217), ya que el demandante no había acreditado que no dispusiera de vías adecuadas de recurso sobre la base del Derecho interno (párrafo 2)[142]. En definitiva, los jueces globales –o internacionales– sólo pueden intervenir, si previamente han sido agotadas las vías judiciales pertinentes dentro del Estado.

En esta Sentencia, como en la del asunto *Mox Plant*, se hacía referencia a la noción de reciprocidad y cortesía (párrafos 230 y 233)[143], aunque en este caso respecto de una cuestión marginal, a

---

[142] El párrafo segundo contiene los fundamentos del Tribunal, y sostiene que «la decisión se basa en que los reclamantes no demostraron que *Loewen* no tenía a su alcance remedios adecuados y razonablemente disponibles en el Derecho interno de Estados Unidos en relación con las cuestiones que se denuncian, alegadas como violaciones del NAFTA».

[143] El de «cortesía» es un principio jurídico internacional de definición incierta. Ha sido descrito como la base del Derecho Internacional; como una regla de Derecho Inter-

saber, el requisito de «continuidad de la nacionalidad»[144]. En efecto, la Sentencia *Loewen* hubo de ocuparse de la relación entre un ordenamiento jurídico supranacional y otro nacional. El sistema supranacional prohíbe la discriminación contra los inversores extranjeros. El Tribunal Arbitral que opera en el marco del NAFTA consideró que no se había respetado esa interdicción de trato discriminatorio. Pero para resolver el asunto tuvo que abordar una cuestión que no estaba resuelta ni regulada, cual es la relativa a las relaciones entre ambos sistemas u ordenamientos. Esa ausencia de norma específica explica que se esforzara el Tribunal Arbitral por encontrar una regla y la halló finalmente en el principio de subsidiariedad, en cuya virtud el juez global sólo puede intervenir cuando se hayan agotado todos los remedios judiciales a nivel interno, quedando éste reservado a una función superior. Este principio, por otra parte, podría considerarse comprendido dentro del de reciprocidad y cortesía entre tribunales («comity»), siempre que sea concebido en un sentido estricto

---

nacional; como sinónimo de Derecho Internacional privado; como una regla de elección del Derecho aplicable; como un principio de deferencia, o de buenas maneras; como un principio de comodidad o de buena voluntad entre Gobiernos soberanos; como una necesidad moral; como un remedio o un expediente, etc. *Vid*. ROBERT B. AHDIEH, «Between Dialogue and Decree: International Review of National Courts», 79 N.Y.U. L. REV. 2029, 2050, n. 89 (2004). La entrada dedicada a «cortesía» en la ENCYCLOPEDIA OF PUBLIC INTERNATIONAL LAW, sin embargo, afirma que «en el Derecho Internacional público, la noción de cortesía *(comitas gentium, courtoisie internationale, Völkercourtoisie)* comprende aquellos actos, prácticas y reglas de buena voluntad, amistad y tratamiento cortés observados por los Estados en sus relaciones mutuas, sin la convicción de entrañar obligación jurídica alguna»; y añade que «puesto que una regla de cortesía no implica una obligación legal, su no observancia no produce consecuencias jurídicas». Dos puntos quedan claros: la «cortesía» afecta a las relaciones entre tribunales, y no a aquéllas entre ordenamientos jurídicos generalmente considerados; y es un «término-comodín», en el sentido de que ostenta una pluralidad de significados, extraídos de las normas relativas a la prioridad o respeto debido por un juez hacia otro.

[144] Durante el proceso, el *Grupo Loewen* se incorporó al *Loewen Group International inc.*, asumiendo la nacionalidad estadounidense y perdiendo la canadiense. Esto podría haber disminuido la «cobertura» del NAFTA y la jurisdicción del Tribunal Arbitral, sobre la base de una violación del requisito de «nacionalidad continuada», el cual está, a su vez, «basado en la cortesía» (párrafo 230).

y limitado. En otras palabras, no es la reciprocidad y cortesía entre tribunales en sí misma la que interesa aquí, sino más bien cierto contenido o vertiente que puede haberse dado a tal noción, y al modo en que es aplicada.

CAPÍTULO QUINTO

«EL PODER MENOS PELIGROSO»

ÍNDICE

I. LAS REGLAS JUDICIALES DE RELACIÓN ENTRE ORDENAMIENTOS JURÍDICOS

EN las páginas anteriores se han ejemplificado cuatro tipos de relaciones: las que tienen lugar entre los ordenamientos jurídicos nacionales y el Derecho Comunitario; las existentes entre los ordenamientos nacionales y el Derecho del Consejo de Europa (CEDH); las que se establecen entre el Derecho Comunitario y los distintos ordenamientos jurídicos internacionales; y, en términos más generales, las que se dan entre sistemas nacionales e internacionales.

Ninguna de estas relaciones se encuentra disciplinada en un nivel superior, en un ordenamiento jurídico más amplio. Es más, o bien no existen esas normas, o resultan muy vagas y genéricas. De ahí que los jueces se vean obligados a colmar esa laguna.

En cada uno de estos supuestos, los jueces que actúan en los distintos niveles y ordenamientos han advertido la necesidad de coordinarse entre sí, de compromiso en las relaciones bidireccionales, y de unidad y reciprocidad en ese esfuerzo colectivo, aun cuando la reciprocidad no se materialice siempre en la práctica. Recuérdese que el Tribunal de Justicia de la Unión Europea y los Tribunales Constitucionales español y polaco son exponentes del primer grupo de casos; el Tribunal Europeo de Derechos Humanos y el Tribunal Constitucional italiano del segundo; el Tribunal Europeo de Derechos Humanos y el Tribunal de Justicia de la Unión Europea, del tercero; el Tribunal Arbitral de la CNUDM y el Tribunal de Justicia de la Unión Europea, del cuarto; el Tribunal Arbitral del NAFTA y el Tribunal del Estado de Misisipi, del quinto; y del sexto y último caso, el Tribunal de Justicia de la Unión Europea, sin interlocutor judicial en el sistema de la ONU (lo que permite destacar algunos de los defectos de este último).

El análisis precedente pone de relieve, primero, la existencia de una variada gama de normas estatales, supranacionales y globales; segundo, la ausencia de un sistema jerárquico que las estructure o relacione; y, tercero, el reconocimiento de un cierto margen de libertad en favor de los distintos órganos judiciales en lo que hace a la elección del Derecho aplicable. Pues bien, en ese contexto, los jueces no sólo preservan y garantizan la unidad jurídica, a nivel interno, de los respectivos sistemas de los que son guardianes, sino que también determinan las conexiones entre el ordenamiento al que pertenecen y los sistemas externos, regulando así las relaciones entre los diversos ordenamientos.

La actividad judicial no se desarrolla en el vacío; antes al contrario, está basada en normas. Estas normas, sin embargo, pertenecen a sistemas jurídicos diferentes y son también diversas en su alcance. En algunos casos, como se ha apuntado en los capítulos precedentes, las normas establecen la prevalencia de un ordenamiento jurídico sobre otro (por ejemplo, el Derecho Comunitario sobre los ordenamientos nacionales, o el de la ONU sobre el comunitario). En otros casos, se limitan a establecer su preferencia por un mecanismo regulatorio sobre otro (así, por ejemplo, la preferencia establecida en la CNUDM por una solución judicial o cuasi-judicial frente a otras formas de resolución de conflictos). No faltan tampoco supuestos, en fin, en que las normas se limitan a instituir un órgano judicial, sin decir nada acerca de la interacción entre ordenamientos jurídicos diferentes. En tal hipótesis, son los jueces los llamados a fijar «un ordenamiento entre los ordenamientos jurídicos».

Estos jueces pueden actuar de muchas formas. En primer lugar, pueden «importar» el ordenamiento jurídico externo dentro del propio sistema (así sucede con las doctrinas de efecto directo y de primacía). En ese escenario, un ordenamiento externo, aun cuando no sea jerárquicamente superior ni imponga en caso de conflicto la derogación de la norma inferior, determina, sin embargo, la inaplicabilidad de la norma inferior, sobre la base de la distinción de las diversas esferas de competencia.

En segundo término, los jueces pueden integrar el ordenamiento interno dentro del externo (como en el caso de las doctrinas de los «contra-límites» y de las «normas interpuestas»). Con la denominada doctrina de los «contra-límites», un ordenamiento jurídico «superior» o externo es aceptado por otro «inferior» o interno con la condición de que aquél respete los principios fundamentales de este último. Por el contrario, en el caso de las «normas interpuestas», una norma «superior» o externa se impone sobre el ordenamiento «inferior» o interno, pero no sobre su norma constitucional.

En tercer lugar, los jueces pueden reconocer una esfera de autonomía en favor del ordenamiento interno respecto del externo (la doctrina del «margen de apreciación»). En este caso, un ordenamiento «superior» o externo deja un margen de discrecionalidad a otro «inferior» o interno.

En cuarto término, los jueces pueden admitir la validez de un ordenamiento jurídico siempre que éste otorgue a los derechos fundamentales una garantía que consideren «equivalente» a la proporcionada por el otro ordenamiento.

En quinto lugar, los jueces aplican los principios de «división de funciones» o de «subsidiariedad», reconociendo la competencia del ordenamiento que ha sido encargado de modo principal del desempeño de una función particular relativa a la materia en cuestión, o la competencia del ordenamiento jurídico más cercano a los intereses involucrados en cada controversia.

Por último, los jueces introducen «puntos de conexión» o convergencia, «reglas de compromiso» o «reglas de reconocimiento» entre los distintos ordenamientos jurídicos, presididas por el mutuo respeto y el reconocimiento («judicial comity»).

II. EL CONTEXTO: LA FRAGMENTACIÓN

Para obtener una visión de conjunto, conviene poner en perspectiva cuatro cuestiones que se encuentran íntimamente relacionadas: el contexto en el que se desarrolla la actividad de los jueces; los sujetos intervinientes (es decir, los propios jueces); las actividades que realizan (y las normas sobre las que se basan); y, finalmente, los problemas que emergen como consecuencia de la construcción judicial del sistema jurídico global.

Como se ha insistido, el contexto jurídico en el que operan los Tribunales a nivel nacional, supranacional y global se caracteriza por una pluralidad de ordenamientos jurídicos que no se hallan ordenados dentro de un sistema, sino, en principio, separados entre sí (es lo que se ha venido en llamar «fragmentación»).

No existe unidad en el espacio global, en la medida en que hay más de ciento noventa y dos Estados y se puede hablar de más de dos mil sistemas o regímenes legales sectoriales que operan más allá de las fronteras nacionales (los más recientes relativos a la gobernanza del mar, del medio ambiente, de la agricultura, de los alimentos, del trabajo, etc.)[145].

---

[145] Sobre la fragmentación, *vid.* el reciente trabajo EUAN MACDONALD & ERAN SHAMIR-BORER, «Meeting the challenges of global governance: administrative and constitutional approaches», borrador para el NYU Hauser Colloquium (1 de octubre de 2008).

Hay una directa relación entre esa fragmentación y la emergencia de un Derecho Administrativo global. La fragmentación es consecuencia de la debilidad del marco constitucional, como se pone de manifiesto, por ejemplo, con la inexistencia de un Parlamento o de un ejecutivo a nivel global. Esa debilidad, a su vez, no es sino el resultado del relevante papel que juegan los Estados en el espacio global. Y, sin embargo, la misma fragmentación ha contribuido a la construcción de ese cuerpo de normas administrativas de carácter global, que no podrían haberse desarrollado sistemáticamente y con alcance general, ya que se habrían encontrado con una considerable resistencia por parte de los Estados y de sus respectivas Administraciones.

Para hacer frente a la fragmentación, los diferentes sistemas o regímenes han venido ensayando todo un conjunto de técnicas y mecanismos, tales como la construcción de redes de organismos reguladores, la remisión a normas de otros ordenamientos jurídicos, el establecimiento de principios comunes, o la sustitución del multilateralismo por el bilateralismo, y otras formas de interacción. Sin embargo, todo ello resulta aún insuficiente: persiste la necesidad de pasar de la pluralidad a un sistema de diferentes ordenamientos jurídicos. Y es en este punto en el que los jueces intervienen, tendiendo «puentes» que interconectan a los ordenamientos nacionales, supranacionales y globales[146].

---

[146] Existen, en particular, dos escuelas opuestas de pensamiento acerca de la relación entre la fragmentación y el papel de los tribunales. Según la primera, la actividad de los órganos judiciales en el nivel global es un medio de suavizar y superar la fragmentación; *vid.* T. TREVES, *supra* nota 8; ANNE-MARIE SLAUGHTER, *A New World Order* (2004), pp. 65-103; MIREILEE DELMAS-MARTY, *Le relatif et l'universel. Les forces imaginantes du droit* (2004), pp. 196 y ss. Por su parte, la segunda escuela es muy crítica con aquella primera posición, manteniendo que la actividad de los tribunales contribuye en sí misma a la fragmentación, subrayando el riesgo de una «tiranía» o «Gobierno» de jueces; *vid.* ODA, *supra* nota 7, pp. 863-872; *Il giudice sovrano. Coercing virtue*, pp. 163 y ss. (Robert H. Bork ed., 2004); ALLARD & GARAPON, *supra* nota 77, pp. 39 y ss.; *I diritti in azione. Universalità e pluralismo dei diritti fondamentali nelle Corti europee*, pp. 57-66 (Marta Cartabia ed., 2007).

III. LOS JUECES COMO CONSTRUCTORES DEL SISTEMA GLOBAL DE ORDENAMIENTOS JURÍDICOS

Muchos autores han tratado de indagar las razones por las que los jueces vienen a desempeñar nuevas funciones. Jürgen Habermas sostiene que los Tribunales «hablan» y «escuchan» como iguales, y que son a la vez autores y destinatarios de las normas. Sostiene que los jueces interactúan entre sí a través del método discursivo y del paradigma procedimental, hasta el punto de que el Estado democrático puede definirse como una institucionalización de procedimientos y de presupuestos comunicativos, lo que permite la creación de una opinión discursiva y la formación de la voluntad. En virtud del «principio discursivo», sólo podrán considerarse válidas aquellas normas de acción a las que todas las personas afectadas puedan darle su consentimiento, en cuanto partícipes en discursos racionales[147]. Si se proyectan estos principios sobre la actividad judicial en el ámbito global, podemos decir que cada Tribunal reconoce al resto porque todos respetan las mismas reglas (tales como, por ejemplo, el principio de limitación al caso particular de que se está conociendo; el derecho a un procedimiento contradictorio; la obligación de motivar las Sentencias; etc.).

En relación con el espacio global, Robert B. Ahdieh[148] razona que el «diálogo judicial» presenta tres notas: es «normalmente prospectivo, más que retrospectivo»; «bidireccional»; y se caracteriza «por cierto grado de voluntariedad».

---

[147] *Vid.* en general JÜRGEN HABERMAS, *Between Facts and Norms: Contributions to a Discourse Theory of Law and Democracy*, pp. 132-151, 459 (William Rehg, trad., 1996); consideraciones similares pueden encontrarse también en el trabajo del filósofo y politólogo inglés MICHAEL OAKESHOTT, *The Voice of Poetry in the Conversation of Mankind* (1959), nuevamente publicado en *Rationalism in Politics and Other Essays* (1962) (pp. 196-198, sobre la «conversación»).

[148] AHDIEH, *supra* nota 142, pp. 2051-2052.

Para Jenny S. Martinez[149], en su estudio de los distintos criterios y doctrinas que han creado los jueces, el Tribunal Europeo de Derechos Humanos «conversa, más que ordena; y los Gobiernos nacionales se convierten en autores y en destinatarios del Derecho». Y, con base en las observaciones que en su día realizara el entonces Presidente del Tribunal Europeo de Derechos Humanos, Luzius Wildhaber, ha enfatizado las ventajas que se derivan del hecho de que el Tribunal carezca de la potestad de hacer ejecutar lo juzgado, pues ello evita que caiga en la «autosuficiencia» judicial, lo que contribuye a que los Estados se encuentren más abiertos a aceptar el papel desempeñado por los tribunales[150].

Por último, Maria Rosa Ferrarese ha explicado la primacía de los mecanismos judiciales en la regulación de las relaciones entre ordenamientos jurídicos con el argumento de que el Derecho de creación jurisprudencial resulta «más ligero» que el producido por el poder legislativo; y es capaz de modificarse a sí mismo[151]. Por tanto, con la globalización, los jueces han de enfrentarse a un tráfico jurídico cada vez más denso, intrincado y complejo[152]. Observa, finalmente, la tendencia de los jueces y tribunales a crear un sistema autónomo, que se va extendiendo más allá de las fronteras nacionales, y termina por establecer su propia red de carácter interactivo y se introduce por nuevos espacios[153].

---

[149] J. Martinez, *supra* nota 78, en particular p. 467.

[150] Sobre las estrategias de conciliación de Estrasburgo, *vid.* Nico Kirsch, «The Open Architecture of European Human Rights Law», 71 Mod. L- Rev. 183, pp. 206 y ss. (2008).

[151] Maria Rosaria Ferrarese, *Il diritto al presente. Globalizzazione e tempo delle istituzioni*, pp. 201, 202 & 230 (2002).

[152] *Ídem*, p. 202.

[153] *Ídem*, p. 230. *Vid.* también Alfonso Catania, *Metamorfosi del diritto. Decisione e norma nell'età globale* (2008), p. 134; David Ordóñez Solís, *El cosmopolitismo judicial en una sociedad global. Globalización, derecho y jueces* (2008).

De estos estudios se infiere un dato relevante y es que los jueces y tribunales pueden actuar como interlocutores entre sí y han demostrado que son capaces de adaptarse unos a otros recíprocamente. No es necesario, por ello, establecer una jerarquía entre jurisdicciones distintas. Sin embargo, esas reflexiones pasan por alto otra serie de elementos estructurales que cobran una importancia particular en el espacio global.

En primer lugar, debe tenerse en cuenta que el término «tribunal» («court») no alude a una, sino a realidades muy diferentes. Cuando hablamos de los tribunales en el contexto del espacio jurídico global, debemos evitar fáciles generalizaciones y abstenernos de hacer referencias al Derecho y a la cultura nacionales (que son, a su vez, muy distintos entre sí; baste recordar la diferencia entre un juez italiano y otro británico). En el contexto global existen tribunales permanentes y comités *ad hoc*; miembros permanentes de órganos judiciales y miembros designados para conocer de un solo asunto concreto; tribunales plenos y genuinos y órganos cuasi-judiciales. Por supuesto, los jueces implicados proceden de naciones y culturas diversas, aunque haya elementos comunes entre ellos. En todo caso, los jueces no forman una comunidad epistémica única, sino más bien lo que podríamos llamar un «grupo de comportamiento» unitario. Por último, y como ya se ha señalado, el papel de los jueces nacionales (y, en particular, de los jueces constitucionales) en la determinación de esas relaciones posee un notable peso específico[154].

En segundo lugar, los jueces siempre trabajan y resuelven caso por caso. La suya es siempre una intervención intersticial, habida cuenta de que su decisión se contrae a la concreta reclamación

---

[154] *Vid.* en general EVAL BENVENISTI, «Reclaiming democracy: the strategic uses of foreign and international law by national Courts», 102 AM. J. INT'L L. 241 (2008); PHILIP SALES & JOANNE CLEMENT, «International law in domestic Courts: the developing framework», 124 *Law Quarterly Review* 388 (2008).

que se les plantee. Es claro que ningún sistema nacional aceptaría la intromisión de un juez o tribunal en términos generales y abstractos. Se entiende que la acción judicial habrá de limitarse a las concretas pretensiones ejercitadas por las partes en cada caso. Y lo mismo puede decirse respecto de cada ordenamiento jurídico global de carácter sectorial en relación con los demás. La intervención de los tribunales, con todo, presenta las mismas ventajas que las de un sistema de «alarma de incendios» respecto de otro que se basara en la idea de la «patrulla policial»[155]: resulta más económico, porque los tribunales intervienen sólo cuando es necesario; y es más difuso, ya que se activa a petición de las partes interesadas.

Esta actividad judicial se caracteriza en tercer lugar por su naturaleza progresiva. Los tribunales resuelven los casos a partir de los precedentes y, por tanto, sobre raíles fijos, procediendo en forma gradual y con un alto nivel de previsibilidad, aunque también caben los ajustes y los cambios. Este modo de actuación facilita la actividad de los jueces (nacionales, supranacionales y globales) como artesanos del edificio jurídico general global.

En una fase inicial, cuando comenzaron a plantearse los problemas de relaciones entre ordenamientos a los que aquí se ha aludido, no podía haber precedentes. A cambio, los jueces de cada sistema recurrieron a la doctrina ya elaborada por otros tribunales y colmaron pronto ese vacío. La naturaleza gradual y progresiva de la actuación judicial ha servido para tranquilizar tanto a los Estados, preocupados por la erosión de su soberanía, como a los sistemas globales de carácter regulatorio, preocupados por la eficiencia de su acción sectorial.

---

[155] En referencia a la famosa distinción establecida en M. McCubbin & Thomas Schwartz, «Congressional Oversight Overlooked: Police Patrols versus Fire Alarms», 28 *American Journal of Political Science* 165 (1984).

En cuarto término, los jueces tienen un «modus operandi» que se traduce en unas reglas comunes de actuación: han de escuchar a las partes antes de decidir (asegurando, cuando proceda, una audiencia genuinamente contradictoria); decidir sobre la base de la información obtenida en el curso del juicio y debatida por las partes; y motivar razonadamente la sentencia.

Los tribunales, en quinto lugar, cuentan con un alto grado de flexibilidad a la hora de tomar decisiones, puesto que pueden moverse entre el activismo y la «deferencia»; la creación de reglas y la autolimitación; el dinamismo y la tolerancia; la rigidez y la flexibilidad. Como ya notábamos[156], recurren con frecuencia al principio de proporcionalidad, y, más en concreto, a la relación de medio a fin que guardan las medidas restrictivas que enjuician. Otros actores (Estados, organizaciones internacionales, o los órganos de ambos) mantienen su libertad para determinar los fines y seleccionar los medios, mientras que los tribunales evalúan la relación de proporcionalidad entre ambos. Esta forma de descentralización significa que los jueces no monopolizan la función de conexión o enlace entre ordenamientos jurídicos, estableciéndose así una división del trabajo entre los tribunales y los ejecutivos nacionales (así como con las organizaciones internacionales de alcance global).

En sexto lugar, los tribunales intervienen –como se ha notado– en casos relativamente menores. Es cierto que los principios «constitucionales» que los jueces establecen disciplinan y gobiernan las relaciones entre los distintos ordenamientos jurídicos. Pero no lo es menos, sin embargo, que, cuando así actúan, comienzan por enjuiciar cuestiones de «baja política». Ello supone, en otras palabras, una suerte de distribución o reparto de funciones, en cuya virtud a los Gobiernos nacionales corresponde dirigir y controlar las cuestiones

---

[156] *Vid.* también ALEC STONE SWEET & JUDE MATHEWS, «Proportionality, Balancing and Global Constitutionalism», 47 COLUM. J. TRANSNAT'L L. 72 (2008).

más relevantes, y a los tribunales las cuestiones menos importantes. Ello no obstante, ha de reconocerse que los tribunales aprovechan esta «delegación» para crear circuitos secundarios a través de la expansión de su red y para reconstruir el «sistema». De este modo, los órganos judiciales extienden el principio del Estado de Derecho y el principio de legalidad por nuevos territorios. Así pues, de una parte, actúan estratégicamente porque incrementan la «observancia» de las normas globales, mientras que, de otra, maximizan su propio poder y crean las condiciones para una expansión ulterior. Se trata, por tanto, de un círculo que se perpetúa a sí mismo, un factor en la aceleración del proceso de globalización, que contribuye de un modo concreto a la «des-fragmentación», en la medida en que conecta ordenamientos que fueron creados por separado.

Así las cosas, mediante este *avance*, el Derecho global corre paralelo con la evolución del Derecho Administrativo nacional, en primer término. La expansión del Derecho Administrativo nacional es evidente. Se instaló inicialmente en áreas que pudieron considerarse en su momento de menor trascendencia, para después introducirse progresivamente en el territorio de la alta política. Piénsese, por ejemplo, en la exclusión inicial que se hizo del control jurisdiccional de los llamados actos políticos (*actes de gouvernement, atti politici*) en Francia, Italia o España; o en el respeto mostrado por los jueces norteamericanos hacia la prerrogativa presidencial en materia de política exterior y defensa. Cabe apreciar, en segundo lugar, una expansión semejante en el Derecho Constitucional de cada país, a resultas del «fortalecimiento judicial que se ha producido a través de la constitucionalización». Fenómeno éste que se explica por la transferencia paulatina de grandes cuestiones de alta política a los tribunales[157].

---

[157] Ran Hirschl, *Towards Juristocracy. The Origins and Consequences of the New Constitutionalism* (2004), p. 213.

Finalmente, cuando las resoluciones judiciales se llevan a su puro y debido efecto, no se cierra con ello la puerta a futuras intervenciones «legislativas». Lo que se decide y resuelve en el ámbito judicial no tiene carácter *definitivo*, puesto que las reglas o criterios sentados podrán ser modificados por el legislativo y el ejecutivo[158]. Ello es tanto una fuente de debilidad como de fortaleza para los tribunales en el ámbito global, ya que los Estados no se han visto privados completamente de su soberanía (aun cuando podría argumentarse que la «soberanía limitada» no se corresponde ya con las características típicas de la soberanía).

Estas son, en esencia, las razones que subyacen al éxito que ha acompañado a los jueces y tribunales como factor de cohesión entre ordenamientos y sistemas en el espacio global. Razones que explican igualmente por qué los órganos judiciales sustituyen con tanta frecuencia a las tradicionales negociaciones diplomáticas entre Gobiernos y desarrollan en consecuencia una función «constituyente»[159].

Se ha hecho notar que «acaso el resultado político más significativo de la concepción del Derecho Internacional como sistema jurídico sea el fortalecimiento de los tribunales para hacer

---

[158] Cabe recordar aquí las palabras de Alexander Hamilton: «el poder judicial es sin comparación el más débil de los tres departamentos del poder... nunca puede atacar con éxito a alguno de los otros dos». *Vid.* THE FEDERALIST núm. 78, *supra* nota 75, p. 531.

[159] Una observación más: ciertas características típicas de la acción judicial, cuando se llevan al ámbito global, se manifiestan de manera diferente, reforzando el tejido judicial de la fábrica del Derecho global. No obstante, conviene llamar la atención sobre otra cuestión importante, que requeriría un estudio adicional: los jueces, en el desempeño de la función indicada, juegan en última instancia un papel diferente al de los tribunales cuando operan en el ámbito puramente nacional. Estos últimos actúan como límites de las otras ramas del poder público. Sin embargo, en el ámbito mundial estas otras ramas no existen, y lo tribunales operan como órganos cuya función es completar el ordenamiento jurídico. No consideraré aquí las «reacciones» de los distintos ordenamientos jurídicos, tales como, por ejemplo, la reacción de los jueces nacionales ante la expansión del Derecho global. Sobre este último punto, *vid.* BENVENISTI, *supra* nota 154.

evolucionar el Derecho Internacional más allá de la intención de los Gobiernos»[160]. La definición de las relaciones entre los ordenamientos jurídicos nacionales y globales, y, por tanto, la concepción del Derecho global como sistema jurídico, es esencialmente de construcción jurisprudencial.

IV. ¿UNA NUEVA «REGLA INDIRECTA»?

La característica más significativa del «diálogo» que mantienen los tribunales en el ámbito global es, sin embargo, el modo en que construyen las normas relativas a las *relaciones* entre ordenamientos jurídicos.

La función que aquí se ha destacado consiste en el establecimiento de «reglas de reconocimiento», en el sentido que a este término ha dado H. L. A. Hart: aquellas normas cuya existencia resulta necesaria para que surja la legislación ordinaria y de las cuales el Derecho extrae su validez[161] (a nuestro propósito, las reglas de coexistencia entre ordenamientos jurídicos distintos)[162].

---

[160] Eyal Benvenisti, «The Conception of International Law as a Legal System», 50 *German Yearbook of International Law* 393 (2008).

[161] H. L. A. Hart, *The Concept of Law* (2ª edición, 1994), pp. 94 y ss. En relación con los ordenamientos jurídicos nacionales, Hart observó que la «regla de reconocimiento» «introduce, aunque en forma embrionaria, la idea de un sistema jurídico: las reglas ya no son sólo un conjunto inconexo, sino que están, simplemente, unificadas». Para una interesante aplicación de la noción de regla secundaria de reconocimiento al Derecho global, *vid*. Gianluigi Palombella, «The Rule of Law Beyond the State: Failures, Promises and Theory», 7 Int'l J. Const. L. 442 (2009).

[162] En un sentido similar, se ha observado que la acción de los tribunales representa «un desplazamiento desde las normas de conflicto hacia a las normas de compromiso. Estas reglas de compromiso característicamente toman la forma de un deber que cumplir, el deber de tenerlas en cuenta como una consideración de cierto peso o presunción de algún tipo». *Vid*. Mattias Kumm, «Democratic Constitutionalism Encounters International Law: Terms of Engagement», en *The Migration of Constitutional Ideas* 256, 292 (Sujit Choudhry ed., 2007).

¿Qué tienen en común los diferentes casos aquí examinados? En primer lugar, los tribunales no dejan espacios vacíos: antes bien, los colman estableciendo lazos entre ordenamientos diferentes, como en el asunto *Kadi* ante el Tribunal de Justicia de la Unión Europea, en el que se sostuvo que el Derecho Comunitario no es independiente del sistema de la ONU (párrafo 208).

En segundo término, los tribunales reconocen la primacía de la norma «superior», bien sea como consecuencia del mayor radio de acción que haya adquirido en cada caso la esfera de validez, o bien a resultas del grado de especialización de la organización a la que se le ha atribuido una específica función[163]. Ello significa, sin embargo, el reconocimiento del principio de la «norma indirecta», según el cual las normas y estructuras «locales» se reconocen e incorporan como parte de las «superiores».

Resulta interesante observar que un principio típico del colonialismo británico de los siglos XIX y XX, elaborado por Frederick Lugard a partir de sus experiencias como Alto Comisionado del Protectorado de Nigeria del Norte, se esté aplicando ahora, tantos años después y en terrenos tan diferentes. Este principio contenía *in nuce* las reglas de un sistema dual que permitía a los emires de los distintos califatos coexistir, aunque subordinados a los oficiales británicos que operaban en el distrito, transformándose de este modo los emires en agentes de la autoridad británica. Ello le permitió a Gran Bretaña gobernar vastos espacios con un número relativamente limitado de funcionarios, cuyas órdenes se transmitían a través de los emires antes de alcanzar a la población local. El Derecho global se reafirma a sí mismo en relación con el Derecho nacional de manera semejante[164].

---

[163] También sobre la base del artículo 103 de la Carta de la ONU, que establece que todos los demás acuerdos internacionales están subordinados a la Carta.

[164] Sobre la «norma indirecta», *vid.* la obra de FREDERICK LUGARD, *The dual mandate*

V. LA LEGITIMIDAD DE LA CONSTRUCCIÓN JUDICIAL DEL SISTEMA JURÍDICO GLOBAL

La construcción judicial de un sistema jurídico global plantea, sin embargo, un problema: el de la legitimidad de esta forma de actuación judicial.

La cuestión podría formularse en los mismos términos utilizados por el Magistrado y Presidente del Tribunal Supremo de los Estados Unidos, John Roberts, en un voto particular a la famosa Sentencia sobre la Bahía de Guantánamo[165]. El Presidente del Tribunal Supremo criticó la opinión mayoritaria del Tribunal con el argumento de que con la Sentencia no había ganadores: ni los prisioneros de la Bahía de Guantánamo, ni el principio de *habeas corpus*, ni el principio del Estado Derecho, ni el pueblo americano «que hoy pierde un poco más de control sobre la política exterior de su nación a favor de jueces no elegidos y políticamente irresponsables». En suma, el juez Roberts estaba aludiendo al conocido problema de la legitimación de los jueces para adoptar decisiones que, por su alcance general, pueden entrar en conflicto con la mayoría parlamentaria.

---

in British Tropical Africa (1922). En ella se exponen los principales elementos de la idea de «Administración dual», que consistía en «un régimen nativo bajo la dirección y control del personal británico» (p. 228): «autogobierno», aplicado en diferentes formas (p. 193); descentralización (pp. 96 y ss.), cooperación (p. 95), supervisión y gestión de las funciones de coordinación, así como la recaudación de los impuestos adeudados a la Administración colonial británica (p. 95), ninguno de los cuales, sin embargo, presentaba forma estandarizada alguna. *Vid.* también las pp. 182 y ss. y 228 para una comparación con el sistema colonial francés. El primer trabajo teórico sobre la «norma indirecta» que adoptó una perspectiva antropológica fue el de Bronislaw Malinowski, «Indirect rule and its scientific planning», en *The Dynamics of Culture Change: An Inquiry into Race Relations in Africa* 138 (1961).

[165] Tribunal Supremo de Estados Unidos, *Boumediene v. Bush* 553 US (2008); *vid.* en particular p. 2293. Cabe señalar que, en su Sentencia en *Medellín v. Texas* 552 US 491 (2008), el Tribunal Supremo de EE.UU. planteó explícitamente la cuestión del desplazamiento de «decisiones sensibles de política exterior» desde el «poder político» hacia los tribunales.

En el ámbito global, este problema ha generado mayores preocupaciones que en el ámbito interno[166]. Si, en este último contexto, los parlamentos pueden poner remedio a la «abdicación del poder legislativo» a través de ulteriores intervenciones legislativas, la «migración de poder» hacia los jueces del ámbito global es más difícil de corregir, ya que para ello se requiere una actuación concertada de los Estados.

Sin embargo, esta perspectiva no es acertada, porque parte de la premisa de que las autoridades contemporáneas se nutren de un único componente de legitimidad: la democracia (elecciones – mayoría de votantes – mayoría de elegidos – voluntad general), olvidando que tienen un carácter «mixto» (aunque en diferentes grados), con un elemento democrático y otro liberal. Ambos componentes cumplen

---

[166] Se ha observado que «en menos de una década, un concepto sin precedentes ha emergido para someter a la política internacional a procedimientos judiciales. Se ha propagado a una velocidad extraordinaria y no ha sido objeto de debate sistemático, en parte debido a la pasión intimidatoria de sus defensores. Las violaciones de derechos humanos, los crímenes de guerra, el genocidio y la tortura han avergonzado a la edad moderna tanto y en tal variedad de lugares que el esfuerzo para interponer las normas jurídicas tendentes a prevenir o castigar tales atrocidades es mérito de sus defensores. El peligro reside en que está siendo llevado a extremos tales que amenazan con sustituir la tiranía de los jueces por la de la de los Gobiernos; históricamente, la dictadura de los virtuosos ha conducido en ocasiones a inquisiciones e incluso a quema de brujas». El Tribunal Penal Internacional «en su presente forma de asignar la resolución de los dilemas últimos de la política internacional a juristas no electos –y a un poder judicial internacional– ... representa un cambio tan fundamental en la práctica constitucional americana que un debate nacional pleno y la plena participación del Congreso son imperativos. Tal revolución trascendental no debería producirse por consentimiento tácito en la decisión de la Cámara de los Lores o por tratar la cuestión del TPI con una estrategia de mejora de las cláusulas específicas en lugar de como una cuestión fundamental de principio». *Vid.* Henry Kissinger, *Does America need a Foreign Policy?* 273, 279 (2001). Sobre esos asuntos, *vid.* también Joseph H. H. Weiler, «The Geology of International Law – Governance, Democracy and Legitimacy», 64 *Zeitschrift für ausländisches öffentliches Recht und Völkerrecht* 547 (2004), donde el autor examina la evolución del Derecho Internacional, destacando que mientras los conflictos entre ordenamientos jurídicos fueron resueltos en origen sólo mediante negociaciones entre Gobiernos nacionales, este papel está siendo confiado cada vez más a órganos cuasi judiciales extraestatales.

la misma función: mantener al poder bajo control. El componente democrático lo hace a través de la elección periódica de representantes ante los que los titulares del poder han de responder. Sin embargo, el componente liberal cumple su cometido asegurando que los órganos que ejercen el poder respeten los principios jurídicos que son de aplicación, es decir, satisface su función a través del control. Por tanto, aunque cambien los medios a través de los que esta función se lleva a cabo, la función en sí permanece invariable.

Cada uno de estos elementos cuenta con unas raíces históricas diferentes. Como ha observado Pasquale Pasquino, Montesquieu teorizó el principio del Estado de Derecho, aunque no mostró un interés particular por la democracia (ni en sus formas antiguas, ni en las modernas). La fórmula del Estado de Derecho, continúa el citado autor, fue puesta en práctica por vez primera en la Prusia de finales del siglo XVIII, bajo la monarquía ilustrada de Federico el Grande. Los derechos del hombre, recuerda, fueron formalizados por una Revolución que también prohibió los partidos políticos»[167].

Ahora bien, si las raíces históricas de la democracia y de la libertad son distintas, y si ambas nociones representan dimensiones diferentes del poder público, entonces la cuestión de la legitimación popular o democrática de los jueces constituye un «falso problema»; el equilibrio y limitación de los poderes públicos se logra precisamente gracias a la presencia simultánea de ambos componentes, que también pueden entrar en conflicto.

---

[167] PASQUALE PASQUINO, *Lo spettro e l'esorcista* (manuscrito inédito, en el archivo del autor).

ESTE trabajo es producto de las investigaciones desarrolladas durante los dos últimos años, parte de cuyos resultados fueron expuestos en conferencias en Florencia el 27 de mayo de 2008, y en Roma el 25 y 29 de mayo, el 19 de junio y el 1 de julio de 2008, en el Istituto di Scienze Umane (SUM) y en el Institute for Research on Public Administration (IRPA) respectivamente. Las conferencias fueron recopiladas por Elisa D'Alterio, quien también utilizó mis notas y materiales preparatorios en tal labor. Desde entonces he escrito una versión posterior.

Me gustaría agradecer a Mariangela Benedetti, Marco Pacini y Elisa D'Alterio su ayuda con los casos, y a la última en particular por haber transcrito la versión oral de las ponencias y haber comprobado las fuentes, así como por la ulterior investigación necesaria para la versión final.

Lorenzo Casini, Renato Finocchi y Aldo Sandulli leyeron y comentaron una versión preliminar de este trabajo. Lorenzo Casini, Elisa D'Alterio y Euan MacDonald también aportaron sus comentarios y ayudaron en la revisión final.

S. C.

SE ACABÓ DE IMPRIMIR ESTE
LIBRO EL DÍA 30 DE JULIO DE
2   0   I   0

www.ingramcontent.com/pod-product-compliance
Lightning Source LLC
Chambersburg PA
CBHW081818200326
41597CB00023B/4299